Kristen Helmstetter

AUF EINEN Kaffee MIT DIR SELBST

5 Minuten Coffee-Self-Talk am Tag – deine lebensverändernde Routine für mehr Selbstliebe und Lebensfreude

mvgverlag

Bibliografische Information der Deutschen Nationalbibliothek
Die Deutsche Nationalbibliothek verzeichnet diese Publikation in der Deutschen Nationalbibliografie. Detaillierte bibliografische Daten sind im Internet über http://dnb.d-nb.de abrufbar.

Für Fragen und Anregungen
info@mvg-verlag.de

2. Auflage 2023

Türkenstraße 89
80799 München
Tel.: 089 651285-0
Fax: 089 652096

Die amerikanische Originalausgabe erschien 2020 bei Green Butterfly Press unter dem Titel *Coffee Self-Talk. 5 Minutes a Day to Start Living Your Magical Life*.
Dieses Werk wurde vermittelt durch die Montse Cortazar Literary Agency (www.montsecortazar.com).

Übersetzung: Katja Theiß
Redaktion: Karin Weber
Umschlaggestaltung: Manuela Amode
Umschlagabbildung: Shutterstock.com/Daria Pneva
Satz: Christiane Schuster | www.kapazunder.de
Druck: CPI books GmbH, Leck
Printed inthe EU

ISBN Print 978-3-7474-0403-4
ISBN E-Book (PDF) 978-3-96121-789-2
ISBN E-Book (EPUB, Mobi) 978-3-96121-790

Wir produzieren nachhaltig
www.m-vg.de

INHALT

Vorneweg 5

TEIL I

GESTALTE MIT DEM AUF EINEN KAFFEE MIT DIR SELBST-RITUAL DEIN MAGISCHES LEBEN

Was bedeutet **auf einen Kaffee mit dir selbst?** 11
Auf einen Kaffee mit dir selbst 29
Die unglaublichen Vorteile des **auf einen Kaffee mit dir selbst**-Rituals 40
Die Wissenschaft hinter der Magie des Selbstgesprächs 55
Dein eigenes **auf einen Kaffee mit dir selbst** 64
Wie gestalte ich mein **auf einen Kaffee mit dir selbst**-Ritual? 80
Kristens **auf einen Kaffee mit dir selbst** 88
Das Turbo-**auf einen Kaffee mit dir selbst**-Ritual 103
Zeit für **auf einen Kaffee mit dir selbst** finden 122
Alternative Perspektivtechniken (APT) 126
Weg mit dem Negativen – für mehr Glanz und Glitter 134

TEIL II

SKRIPTE FÜR AUF EINEN KAFFEE MIT DIR SELBST

Auf einen Kaffee mit dir selbst-Skript: Ein magisches Leben leben 149
Auf einen Kaffee mit dir selbst-Skript: Eine Gewohnheit ändern 154
Auf einen Kaffee mit dir selbst-Skript: Fitness und Gewichtsabnahme 167
Auf einen Kaffee mit dir selbst-Skript: Gesundheit und langes Leben 174
Auf einen Kaffee mit dir selbst-Skript: Heilen 179
Auf einen Kaffee mit dir selbst-Skript: Reichtum, Erfolg und Wohlstand 184
Auf einen Kaffee mit dir selbst-Skript: Finde eine*n tolle*n Partner*in! 191
Auf einen Kaffee mit dir selbst-Skript: Romantische Beziehungen 197
Auf einen Kaffee mit dir selbst-Skript: Fruchtbarkeit 202
Auf einen Kaffee mit dir selbst-Skript: Tolle Eltern sein 209
Selbstgesprächsskript für Kinder (Achtung: es gibt keinen Kaffee) 213

Anderen helfen und Fazit 220
Kostenlose Audio MP3 und PDF 222
Die Autorin 223

Vorneweg

Hi, ich bin Kristen und ich freue mich riesig, dich kennenzulernen. Mit Anfang 40 sitze ich gerade an diesem Buch und habe vor Kurzem mein Leben umgekrempelt. Zugegeben, auch vor dieser Veränderung hatte ich bereits ein ziemlich geniales Leben. Meine Familie (mein Mann, meine Tochter und ich) war gesund, wir hatten Freunde, Familie und Erfolge. Eigentlich gab es nicht wirklich etwas, worüber ich mich hätte beschweren können. Trotzdem meckerte ich über die trivialsten Dinge. Pure Luxusprobleme, stimmt's?

Deshalb packten wir das Leben bei den Hörnern und beschlossen kurzerhand, alles zu verkaufen und um die Welt zu reisen. Im ersten Jahr sind wir durch ganz Europa getourt. Es war aufregend und machte Spaß, aber irgendwann dämmerte mir, dass ich eigentlich vor etwas davonlief – oder, genauer gesagt, vor einem Mangel an etwas. Ich nutzte das Reisen, um einem Leben zu entfliehen, in dem ich keinen Sinn und keine Richtung sah.

Eigentlich war ich meinem Leben gegenüber positiv eingestellt. Ich betrachtete mein Glas meist als halb voll, aber irgendetwas fehlte. Meinem Leben fehlte es an *Magie*. Das Reisen lenkte mich so weit ab, dass ich die Frage, was ich mit meinem Leben anfangen sollte, ignorieren konnte. Aber es stresst logischerweise auch gehörig, wenn man in einem fremden Land lebt, von einer Stadt zur nächsten hüpft, aus dem Koffer lebt und ständig umzieht. Und das noch mit Kind.

Bevor ich die Vereinigten Staaten hinter mir ließ, hatte ich mich ziemlich gründlich in die üblichen Achtsamkeitsmeditationen vertieft. Außerdem hatte ich mir eine allgemeine taoistische Philosophie zu eigen gemacht, die darauf abzielt, das Gleichgewicht zu finden und »mit dem Strom zu schwimmen«, statt mich über Dinge aufzuregen, die sich meiner Kontrolle entziehen. Beides trug dazu bei, dass ich zur Ruhe kam, und ich war mit den Ergebnissen richtig zufrieden. Dennoch gab es noch genügend Tage, an denen ich mit einem Gefühl der Verlorenheit aufwachte und mich nicht einmal aus dem Bett traute, um in meinen Tag zu starten. Warum war das so? Ich war doch ein ziemlich zufriedener Mensch, oder etwa nicht? Ich fühlte mich gesegnet und glücklich.

Warum gab es also immer noch so viele Tage, an denen ich mich von Ängsten und Sorgen beherrschen ließ? In den ersten sechs Monaten unserer Weltreise verließ ich mich auf Dankbarkeit, Meditation und Taoismus, um meinen Hintern aus dem Bett zu hieven. Das hat ziemlich gut funktioniert, aber – da war kein Funkeln in mir. Da war kein Glanz. Ich spürte all dieses Potenzial in mir, und ich wusste tief drinnen, dass ich so viel hatte, worüber ich glücklich und dankbar sein konnte, dass ich eigentlich golden schimmern und hoch fliegen sollte wie ein Adler. Aber das tat ich einfach nicht.

Wenn du meinen Blog auf *kristensraw.com* kennst, weißt du wahrscheinlich auch, wie meine Geschichte weiterging. Aber für alle, die mich noch nicht kennen: Nach sieben Monaten auf Reisen hatte ich einen Zusammenbruch. Seelisch erlebte ich meine dunkelste Nacht, als ich mich mit meinem Mangel an Fokus und Richtung auseinandersetzte. Es war hart und beängstigend, und ich fühlte mich wie gelähmt.

Doch wie ein Regenbogen nicht ohne Sturm erscheint, so setzte dieser Zusammenbruch letztlich einen Prozess in Gang, der mir zum Durchbruch verhalf. Durch diesen Durchbruch entdeckte ich eine neue und bessere Art zu leben. Gleichzeitig entdeckte ich einen *Prozess.* Und zwar einen Prozess mit Ergebnissen, die sich fast wie ein Wunder anfühlen – einen Prozess, den jede:r schaffen kann.

Seit diesem Moment bis heute beim Schreiben dieser Zeilen habe ich die erstaunlichste Veränderung durchgemacht. Ich habe meinen Sinn gefunden, meinen Fokus, mein strahlendes Licht, und ich erhebe mich jetzt in die Lüfte wie der Adler, an den ich schon vorher geglaubt hatte. Ich habe meine Glückseligkeit freigesetzt.

Dabei gab es eine Handvoll Techniken, die zu meiner unglaublichen Veränderung beigetragen haben und die ich bereits in meinem Blog beschrieben habe. Eine der Schlüsseltechniken oder -zutaten für mein legendäres Leben ist das, was ich *Coffee Self-Talk* oder *Auf einen Kaffee mit dir selbst* nenne. In meinem Blog habe ich diese Technik schon kurz umrissen, aber es gibt noch so viel mehr darüber zu sagen. Und genau aus diesem Grund habe ich das Buch geschrieben, das du gerade liest.

Es würde mich riesig freuen, wenn etwas aus diesem Buch dein Leben erhellt und zum Funkeln bringt. Meine Mutter sagt immer: »Wenn ein Kochbuch dir ein einziges gutes Rezept liefert, dann war es das wert!« Während du dieses Buch liest, hoffe ich, dass du hier ein, zwei – oder zehn! – Ideen findest, die dein Leben verändern. Als Ziel hatte ich beim Schreiben vor Augen, dir dabei zu helfen, ein glücklicheres, gesünderes, einfach ein großartiges Leben zu führen. Jetzt ist deine Zeit gekommen aufzublühen und durchzustarten, und der heutige Tag markiert auch den Beginn deines glücklichsten Lebens. Denn wenn du die in diesem Buch beschriebenen Tipps und Techniken umsetzt, *wirst* du glücklicher werden und dich so richtig in dein Leben verlieben.

Komm, schwing dich mit mir in die Lüfte. Du hast es verdient. Wir alle verdienen es!

Alles Liebe, Kristen

PS: In diesem Buch wiederhole ich bestimmte Punkte öfter – das ist beabsichtigt. Es hilft dir dabei, die Konzepte im Gedächtnis zu behalten, sodass sie sich richtig festigen. Die Wiederholung hilft dir nicht nur beim Lernen, sie motiviert dich auch zum Weitermachen.

Und noch etwas: Das hier ist kein einseitiges Gespräch, kein Monolog. Nur zu gerne würde ich auch deine Geschichte hören: Was hast du ausprobiert und wie funktioniert es bei dir? Du erreichst mich – am liebsten auf Englisch – unter: Kristen@KristenHelmstetter.com.

Schreibe mich auch an, wenn du die kostenlose MP3-Aufnahme des *Auf einen Kaffee mit dir selbst*-Skripts *Living a Magical Life* erhalten möchtest (auf Englisch, von mir gesprochen und mit der Musik von Dreaming Cooper versehen!). Gib dann einfach an, dass du die *Coffee Self-Talk Goodies* haben möchtest.

Ich freue mich darauf, von dir zu hören!

TEIL I

Gestalte mit dem *Auf einen Kaffee mit dir selbst*-Ritual dein magisches Leben

KAPITEL 1

WAS BEDEUTET *AUF EINEN KAFFEE MIT DIR SELBST*?

Kaffee + Selbstgespräche

Auf einen Kaffee mit dir selbst ist eine kraftvolle, lebensverändernde Routine, die nur fünf Minuten pro Tag in Anspruch nimmt. Sie verändert dein Leben, stärkt dein Selbstwertgefühl, erfüllt dich mit Glück und hilft dir dabei, genau das Leben anzuziehen, von dem du schon immer geträumt hast. Und mindestens genauso wichtig: Es verschafft dir ein Gefühl von Ganzheit und Wertschätzung. Und all das geht bei deiner nächsten Tasse Kaffee.

Auf einen Kaffee mit dir selbst setzt sich aus zwei Elementen zusammen: 1. aus deinem morgendlichen Kaffee und 2. deinen Selbstgesprächen. Solltest du mit Selbstgesprächen nicht vertraut sein, dann schnall dich rasch an, denn Selbstgespräche werden dein Leben verändern.

Selbstgespräche: Eine Grundlage

Selbst wenn du noch nie etwas von Selbstgesprächen gehört hast, so hast du sie doch schon dein ganzes Leben lang praktiziert. Es gibt sie schon sehr lange, wahrscheinlich seitdem der *Homo sapiens* zu sprechen begann. Hier ist die Kurzversion: Selbstgespräche sind einfach die Worte, die du zu dir selbst sagst und für dich denkst. Es ist deine innere Stimme, dein innerer Dialog. Manchmal wird dabei gesprochen, manchmal wird das Gespräch still geführt. Manchmal bist du dir dessen bewusst, meistens aber nicht – bis du sie dir bewusst machst. Und dabei hilft dir dieses Buch.

Selbstgespräche sind im Wesentlichen die Dialoge, die du über dich selbst führst, sie stimmen überein mit deinen Gedanken über dich selbst und dein Handeln. Deine Selbstgespräche entsprechen der Art und Weise, wie du dich selbst siehst und welche Eigenschaften du dir selbst zuschreibst. Hältst du dich für klug? Nicht so klug? Das sind deine Selbstgespräche. Hältst du dich für einen Glückspilz? Für einen Unglücksraben? Das sind deine Selbstgespräche. Glaubst du daran, dass sich überall um dich herum Chancen bieten? Oder nichts auf dich wartet? Das sind deine Selbstgespräche. Glaubst du, dass du hinreißend bist? Oder null hinreißend? Begabt? Oder null begabt? Das alles sind Selbstgespräche.

Wie du siehst, können Selbstgespräche gut oder schlecht, hilfreich oder gefährlich sein. Eine Affirmation (eine Aussage, die gesagt wird, als sei sie wahr) kann positiv oder negativ wirken. Alles, was wir über uns und unser Leben sagen oder denken, wird zu unserer Wahrheit, wenn wir es affirmieren – im Guten wie im Schlechten. Das heißt, unser Unterbewusstsein glaubt es, ob es nun wahr ist oder nicht.

Deshalb werden wir zusammen einen Prozess in Gang setzen, in dem wir unserem Unterbewusstsein sagen, dass die Art und Weise, wie wir sein wollen, die Art und Weise ist, wie die Dinge *bereits sind*. Das Unterbewusstsein urteilt nicht, es folgt einfach den Anweisungen. Es *wird* tun, was du sagst. Klingt wirklich einfach, aber das bedeutet nicht, dass es für jede*n leicht ist. Die meisten von uns sind es nicht gewohnt, nett zu sich selbst zu sein. Das wird sich bis zum Ende dieses Buches ändern. Du wirst deine eigene beste Freundin beziehungsweise dein eigener bester Freund, und wenn dir das gelingt, setzt die Magie ein und die echte Transformation beginnt.

Selbstgespräche sind zwar uralt, wurden aber erst im 20. Jahrhundert als solche definiert. Die Idee, dass Menschen einen inneren Dialog in ihrem Kopf führen, wurde bereits in den 1920er-Jahren erforscht.

Seit den 1970er- und 1980er-Jahren interessierten sich immer mehr Menschen für das Thema, weil sie erkannten, dass sie ihr Gehirn und ihr Verhalten ändern können, indem sie das ändern, was sie zu sich selbst sagen und denken. Infolgedessen ist das Selbstgespräch zu einem beliebten Werkzeug in der Selbsthilfe geworden, insbesondere bei Spitzenkräften, Unternehmer*innen, Sportler*innen, Eliteeinheiten des Militärs und Fans der Life-Hack-Community.

Aber auch Millionen Menschen ohne einen solchen Kontext haben bereits etwas über Selbstgespräche gelernt. Mitte der 1980er-Jahre schrieb Dr. Shad Helmstetter ein Buch mit dem Titel *What to Say When You Talk to Your Self* (auf Deutsch erschienen unter dem Titel *Anleitung zum Positiven Denken*). Es wurde zu einem Selbsthilfe-Klassiker, der sich millionenfach in über 60 Sprachen verkaufte. Selbstgespräche wurden weithin bekannt, als Dr. Helmstetter in den folgenden 30 Jahren weitere Bücher schrieb, in der ganzen Welt Vorträge hielt und über 1000 Medieninterviews gab, darunter allein fünf Auftritte in der *Oprah Winfrey Show*.

Selbst bei Menschen, die den Begriff »Selbstgespräche« noch nie zuvor gehört hatten, veränderte sich die Einstellung allmählich. Stell dir vor, wie Fremde heute reagieren würden, wenn du dein Kind in der Öffentlichkeit mit den Worten »Aus dir wird nie etwas!« beschimpfen würdest. In unseren modernen Ohren klingt das so schockierend, dass man leicht vergisst, dass solche Sprüche früher alltäglich waren. Heutzutage wissen es die meisten Eltern besser. Sie wissen, dass solche Worte starke und dauerhaft schädliche Auswirkungen haben können. Dr. Helmstetter hatte großen Einfluss auf diesen kulturellen Paradigmenwechsel.

Als ich vor 15 Jahren seinen Sohn Greg kennenlernte, hatte ich noch nie von Dr. Helmstetter gehört. (Greg ist jetzt mein Mann. Dazu später mehr.) Aber ich war mit dem Gedanken vertraut, dass die Worte, die man sagt – sowohl laut als auch im Kopf – tatsächlich eine Rolle spielen. Eine sehr große sogar. Sie sind so wichtig, dass diese Worte sorgfältig gewählt werden sollten. Zumindest so lange, bis man es sich angewöhnt hat, Gutes zu sagen und Schädliches zu unterlassen. Irgendwann geht das dann wirklich automatisch.

Auf einen Kaffee mit dir selbst ist meine eigene, persönliche Version von Selbstgesprächen. Es ist eine Kombination aus klassischen Selbstgesprächen zur Stärkung des Selbstwertgefühls und zur Anpassung deiner Überzeugungen und Verhaltensweisen und fantastischen Sprüchen und, wenn du magst, Lieblingspassagen aus Büchern, Songtexten, Zitaten oder anderen Worten, die dich inspirieren oder aufblühen lassen. Und, natürlich: *Kaffee*. Ich bin der lebende Beweis dafür, dass diese Kombination aus Worten, Bohnen und täglichem Ritual Stimmung, Verhalten und Selbstwertgefühl tief im Inneren beeinflusst. Trotz aller Umstände in deinem Leben.

Denn wenn dein Selbstwertgefühl gestärkt ist, ändert sich alles in deinem Leben. Du startest filmreif durch und freust dich auf den Tag. Verdammt, du freust dich auf dein Leben! Wenn dein Verhalten – und insbesondere deine täglichen Gewohnheiten – mit deinen langfristigen Zielen und Träumen im Einklang sind, dann scheinen die Dinge in deinem Leben wie von Zauberhand einfach zu geschehen. Alles klappt wie am Schnürchen.

Dabei stellt sich heraus, dass dies gar keine Magie ist: Es ist Neurowissenschaft, auch wenn es sich wirklich wie Magie anfühlt.

Ich treffe mich jeden Tag *Auf einen Kaffee mit mir selbst*, praktisch ohne Ausnahme. Dieses Ritual inspiriert mich, und es lenkt meine Handlungen in Richtung meiner *Happy Sexy Millionärin*-Manifestationen (auch dazu später mehr). Es lässt jeden Tag wie einen Diamanten funkeln. Was ein schlechter Tag hätte sein können, wird ein guter Tag. Was als guter Tag beginnt, wird zu einem fantastischen Tag. Egal, was das Leben bereithält, *Auf einen Kaffee mit dir selbst* macht es um Klassen besser. Das Gute wird massiv verstärkt und das nicht so Gute wird sofort minimiert. Und genau das wird den ganzen Unterschied in deiner Welt ausmachen. Versprochen.

Dein tägliches *Auf einen Kaffee mit dir selbst*-Ritual verschafft dir einen Vorteil und ist so mächtig, dass es Glück in dein Leben zaubert und dich deinen Zielen, Lösungen und deinem Traumleben näherbringt. Das bedeutet nicht, dass du nie vor Herausforderungen stehen wirst. Vielmehr bedeutet es, dass die gewöhnlichen Herausforderungen des Lebens dich nicht mehr aus der Ruhe bringen werden. Diese Dinge werden dich nicht mehr völlig ausflippen lassen. Es wird sein wie in der Matrix, wenn Kugeln auf Neo zufliegen und er einfach ausweicht, ohne getroffen zu werden oder Schaden zu nehmen. So funktioniert *Auf einen Kaffee mit dir selbst* für dich, wenn das Leben dir Scheiße entgegenschleudert.

Mit anderen Worten: Es ist in Ordnung, wenn die Welt dich auch mal mit Kugeln bombardiert, denn du kannst sie wie von Zauberhand umschiffen und dich schnell wieder erholen. So sehen Können und Beherrschung aus! Und genau so fühlt es sich an, wenn man die oder der wahre Held*in im eigenen Leben ist – man reagiert besser, stärker und schneller. Das bringt dich zurück zum Glück, in einen Zustand des inneren Gleichgewichts und nach vorne.

Auf einen Kaffee mit dir selbst ist lebensverändernd, und ich freue mich, mit dir diese Reise anzutreten. Später stelle ich dann Beispiele für meine eigenen *Auf einen Kaffee mit dir selbst*-Rituale und viele Beispielskripte vor, die dir den Einstieg erleichtern sollen. Außerdem finden wir gemeinsam die perfekte Zeit, um das Ritual im Tag permanent zu verankern – mit deiner morgendlichen Tasse Kaffee.

Außerdem wirst du Tipps und Tricks an die Hand bekommen, wie du deine Selbstgespräche verbessern kannst – ganz so, als würdest du sie mit goldenem Feenstaub bestreuen, sodass sie aufblühen und dein Leben weiter öffnen und deine Wünsche und Ziele schneller als je zuvor zu dir heranziehen. Bereits allgemeine Selbstgespräche sind äußerst nützlich, aber wenn du ein tägliches Programm mit Selbstgesprächen erstellst, kannst du deinen Erfolg und dein Glück schneller erreichen. Mehr zu diesem fantastischen Zeugs in Kürze.

Sind Selbstgespräche nur positives Denken?

Selbstgespräche sind in gewisser Weise mit positivem Denken verwandt, aber sie sind nicht wirklich dasselbe.

Positives Denken ist wichtig, denn du musst daran glauben, dass die von dir gewünschten Ergebnisse möglich sind, wenn du dich anstrengst (oder sogar Risiken eingehst), um sie zu erreichen. Selbstgespräche helfen dir dabei, neue, bessere Überzeugungen zu entwickeln, und sie stärken die Überzeugungen, die du bestärken willst. Selbstgespräche tragen also dazu bei, dass du eine positivere, konstruktivere Sicht auf das hast, was möglich ist. Und vor allem, was du zu erreichen imstande bist.

Skeptiker tun »positives Denken« oft als unrealistisch oder als Wunschdenken ab. Das ist manchmal richtig, zum Beispiel, wenn jemand die mit einer bestimmten Vorgehensweise verbundenen Risiken nicht abschätzen kann. Aber die Kluft zwischen dem, was Menschen glauben, tun zu können, und dem, *was sie tatsächlich tun können*, ist riesig. Wir alle könnten es vertragen, ein paar mehr Risiken einzugehen. Der Mensch ist von Natur aus risikoscheu – er fürchtet eher die Nachteile, als dass er nach den Vorteilen strebt. Tatsächlich beruhen viele empfundene Risiken auf Ängsten, die völlig erfunden sind. Phantome und Schreckgespenster aus Glaubenssätzen, die wir seit unserer Kindheit in uns tragen, wie zum Beispiel die Angst vor dem Versagen oder die Angst davor, was andere über uns denken könnten.

Für die meisten Menschen ist positives Denken eine Korrektur hin zu einer viel genaueren Einschätzung dessen, was wirklich möglich ist.

Positives Denken kann aber auch Schwierigkeiten verursachen, wenn es die Menschen dazu bringt, so zu tun, als gäbe es überhaupt keine echten Probleme. Natürlich gibt es Probleme. Oder man nimmt an, dass die Probleme verschwinden werden, ohne dass man etwas unternimmt.

Richtig geführte Selbstgespräche haben nichts mit dem Wegwünschen von Problemen zu tun. Ganz im Gegenteil: Selbstgespräche sind *proaktiv*. Sie befähigen dich, die Dinge auf eine neue Art und Weise zu sehen, und sie geben dir die Kraft, Maßnahmen zu ergreifen, um Probleme zu lösen. Und in vielen Fällen helfen sie sogar dabei, dass Probleme gar nicht erst entstehen!

Ist Selbstliebe nicht einfach Narzissmus?

Nein. Tatsächlich handelt es sich fast genau um das Gegenteil. *Narzissmus* ist exzessive, übertriebene Selbstbewunderung. Das Schlüsselwort ist hier *exzessiv*. In seiner extremen Ausprägung ist pathologischer Narzissmus eine Persönlichkeitsstörung, die durch starken Egoismus, mangelndes Einfühlungsvermögen, Anspruchsdenken, das Bedürfnis nach Bewunderung und die Überzeugung gekennzeichnet ist, dass die Person besser und klüger ist und mehr verdient als alle anderen.

Aber die Sache ist die: Narzissmus ist *immer* das Ergebnis eines *tiefen Gefühls des Selbsthasses*, in dem das Ego sich selbst durch künstliches Überhöhen schützt, und zwar in absurdem Ausmaß und zum Nachteil aller anderen.

Wirklich selbstbewusste Menschen geben nicht an; sie haben es nicht nötig. Sie sehnen sich auch nicht nach Aufmerksamkeit. Sie haben auch nicht das Bedürfnis, immer recht zu haben. Wann immer du siehst, dass jemand, der sonst selbstbewusst wirkt, diese Eigenschaften zeigt, bist du in Wirklichkeit Zeuge eines verängstigten Egos, das nach externer Bestätigung sucht.

Kurz gesagt, Narzissmus basiert auf Angst. Selbstliebe ist das genaue Gegenteil.

Viele positive Selbstgespräche (wie auch die *Auf einen Kaffee mit dir selbst*-Skripte in diesem Buch) bauen auf dem Konzept der Selbstliebe auf, die das felsenfeste Fundament bildet, auf dem dauerhafte positive Veränderungen möglich sind. Ohne Selbstliebe fällt es Menschen schwer, sich selbst als *würdig* zu betrachten, das zu bekommen, was sie sich wünschen. Und oft sabotieren sie sich unbewusst selbst, indem sie zum Beispiel ihre Vorhaben nicht zu Ende führen.

Aus diesem Grund enthalten die *Auf einen Kaffee mit dir selbst*-Skripte in diesem Buch viele *Selbstliebe- und Selbstbestätigungs*-Affirmationen, wie zum Beispiel:

> *Ich bin schön und kreativ. Ich bin mutig.*
> *Ich liebe mich.*
> *Ich bin großartig. Ich bin magisch.*
> *Ich bin sexy, strahlend, leuchtend und attraktiv.*

Zeilen wie diese sind ganz besonders darauf ausgerichtet, dein Gehirn durch Selbstliebe und Selbstvertrauen zu programmieren. Es handelt sich um *deine Selbst*gespräche, nicht das, was du der Welt erzählst, es sei denn, du willst anderen beibringen, wie man sie führt, oder die Idee der Selbstliebe verbreiten oder mit gutem Beispiel vorangehen, beispielsweise bei Freund*innen und geliebten Menschen. Die Affirmationen sind keine Prahlerei. Sie sollten niemals dazu benutzt werden, andere zu beeindrucken.

Sobald du dein Gehirn einmal darauf programmiert hast, solche Gedanken zu glauben und zu fühlen, werden sie verinnerlicht und manifestieren sich auf alle möglichen Arten. Einige davon werden für die Welt sichtbar sein, viele aber nicht, denn es handelt sich dabei um deinen ganz eigenen inneren, glückseligen, magischen Geisteszustand. Und dieser ist wirklich so weit wie nur möglich vom inneren Zustand eines Narzissten entfernt.

Apropos Verbreitung der Idee: Als ich nach dem COVID-19-Ausbruch mit meiner Familie sechs Monate lang bei meiner Mutter in den USA lebte, wollte ich meine Gewohnheiten der Selbstliebe und des Selbstgesprächs beibehalten, auch wenn wir in einem fremden Haus zu Besuch waren. Ich liebe es, ein paar meiner *Auf einen Kaffee mit dir selbst*-Zeilen auf bunte Klebezettel zu schreiben – pro Zettel eine Aussage. Etwa 20 davon habe ich also geschrieben und drei bis vier an den Badezimmerspiegel geklebt und dann alle paar Tage durch neue Zettel ausgetauscht.

Das Badezimmer teilten wir mit meiner Mutter, also erzählte ich ihr, was ich mit den Haftnotizen vorhatte. Sie fand das wahrscheinlich komisch, aber ich habe ihr erklärt, wie wichtig mir meine Selbstgespräche sind und dass sie für meinen Erfolg und mein Glück entscheidend sind. Und wie immer hat sie mich total unterstützt! Und insgeheim wusste ich, dass sie damit meine Zettel am Spiegel auch lesen würde!

Es wäre mir auch egal gewesen, wenn Besucher*innen die Zettel gesehen hätten, obwohl wir während des Lockdowns keine Besucher*innen empfangen haben. Das hätte mir sogar gefallen. Die Notizen auf dem Spiegel geben mir die Möglichkeit, etwas mitzuteilen, was mein Leben verändert hat und was auch ihr Leben verändern könnte. Die Liebe zu uns selbst, ob öffentlich oder privat, ist eine gute Sache, wenn sie aus einer liebevollen Haltung heraus entsteht.

Und wisst ihr was? Meine Mutter hat damals sogar selbst ein paar Klebezettel mit Selbstgesprächen gebastelt und sie an den Spiegel geklebt, direkt neben meine!

Instruktive und motivierende Selbstgespräche

Selbstgespräche gibt es in zwei Varianten. Die erste Variante ist das *instruktive* oder anleitende Selbstgespräch, das eine Liste von Anweisungen enthält. Es wird häufig von Sportler*innen und Künstler*innen verwendet. Visieren zum Beispiel Golfsportler*innen den Ball an, gehen sie oft eine Liste von Anweisungen und inneren Kommentaren durch, um ihre Leistung zu verbessern. Viele Basketballspieler*innen folgen einer kleinen Selbstgesprächsroutine, wenn sie sich auf einen Freiwurf vorbereiten. Schauspieler*innen bereiten sich auf ähnliche Weise vor, bevor sie die Bühne betreten.

Selbstgespräche sind für Sportler*innen und Athleten*innen unglaublich effektiv, denn sie verbessern Technik, Konzentration und Ausführung. Die Worte lösen eine ganze Kaskade von neuronalen und physiologischen Mustern aus, die in unzähligen Stunden des Trainings geübt und trainiert wurden. Sie sorgen dafür, dass sie in Topform beziehungsweise in den richtigen *Flow* kommen. Diese Form des Selbstgesprächs hilft auch, sich auf den gegenwärtigen Moment zu konzentrieren und sich nicht von vergangenen Fehlern oder der Angst vor Fehlern ablenken zu lassen.

Die zweite Form des Selbstgesprächs, die in diesem Buch im Mittelpunkt steht, ist das *motivierende* Selbstgespräch. Diese Form stärkt dein Selbstwertgefühl, erhöht den Antrieb und den Halt und schafft eine für dich optimale Geisteshaltung. So kannst du deine Lebensträume verwirklichen und dich auf dieser Reise wie ein*e unaufhaltsame*r Superheld*in fühlen. Genauer gesagt helfen dir motivierende Selbstgespräche, deine Ziele zu erreichen, egal, ob es sich um persönliche oder berufliche, kleine oder große Ziele handelt. Sie können dir helfen, deinen Körper zu heilen und gesünder zu werden. Sie können dir helfen, deine Finanzen aufzubessern oder deine*n Traumpartner*in zu finden! Die Möglichkeiten, mit Selbstgesprächen dein Leben zu verbessern, sind unbegrenzt.

In diesem Buch zeige ich dir, wie du dein eigenes mega-ermächtigendes *Auf einen Kaffee mit dir selbst*-Skript erstellst, mit dem du dein *bestes, magischstes* Leben gestalten und leben kannst.

Jedes Selbstgespräch – ob positiv oder negativ – wirkt sich JETZT auf dich aus

Dass Selbstgespräche in zwei Richtungen gehen können, habe ich ja schon erwähnt. Sie können entweder gut oder schlecht ausfallen. Achte also auf deine Selbstgespräche, denn sie sind extrem mächtig. Die Worte, die du denkst und zu dir selbst sagst, ob im Guten oder Schlechten, gestalten dein Leben. Du hast die Macht, dieses Leben zu wählen, direkt in deinem eigenen Gehirn und mit deinem Mund. Gute Selbstgespräche sind die Grundlage für ein gutes Leben. Schlechte Selbstgespräche sind ein todsicheres Rezept für ein beschissenes Leben. So einfach ist das.

Woher weiß ich, wann Selbstgespräche schlecht sind? Das ist ganz einfach: Schlechte Selbstgespräche sind alle Worte oder Gedanken über dich, dein Leben, deine Umstände oder die Welt, die nicht positiv sind. Wenn du dich beschwerst oder irgendetwas oder irgendjemanden kritisierst, ist das ein schlechtes Selbstgespräch. Du magst den Umfang deiner Oberschenkel nicht? Das ist ein schlechtes Selbstgespräch. Du bist mit deinem Auto unzufrieden und meckerst darüber? Das ist ein schlechtes Selbstgespräch. Hast du das Gefühl, dass du keine Gehaltserhöhung verdient hast? Das ist ein wirklich beschissenes Selbstgespräch. Hast du das Gefühl, dass du nicht gut genug bist und die Liebe eines wunderbaren Menschen nicht verdienst? Das ist ein unglaublich beschissenes Selbstgespräch.

Gute Selbstgespräche sind wie ein Tornado glitzernder Gedanken, die sich wunderbar anfühlen, wenn sie in deinem Gehirn herumwirbeln und dir über die Lippen kommen. Sie fühlen sich beschwingt und energiegeladen an, denn sie lösen Freude aus, wenn sie gedacht oder ausgesprochen werden. Wenn du dir selbst zu einem guten Job gratulierst oder wenn du denkst, dass du auf jeden Fall hübsch aussiehst, oder wenn du dir sagst, dass du die Fähigkeit oder den Mut hast, das zu tun, was du willst – dann sind das alles Beispiele für gute Selbstgespräche. Jedes Wort, das dich aufmuntert und dir das Gefühl gibt, inspiriert, wertvoll und ganz zu sein, ist ein großartiges Selbstgespräch.

Jetzt, wo du dir den Unterschied bewusst gemacht hast, musst du die Verantwortung dafür übernehmen, dass alle deine Selbstgespräche – ob gut oder schlecht – eine bewusst getroffene Entscheidung sind. Deine Entscheidung. *Du* entscheidest dich für gute Selbstgespräche oder schlechte Selbstgespräche.

Wofür wirst du dich entscheiden?

Jetzt kennst du das Geheimnis. Der Schlüssel liegt in deinem Gehirn. Und du hast die Macht. Du kannst sie nutzen, wie du willst.

Die Frage für dich und mich und für uns alle ist: Wie werden wir diese Macht, von der wir jetzt wissen, dass wir sie haben, nutzen? Denke einen Moment lang darüber nach. Schließe die Augen und spüre der Frage nach.

Es hört sich zwar einfach an – »Ich werde von jetzt an *gute* Selbstgespräche führen!« –, aber das ist es nicht für jede*n. Habe trotzdem keine Angst, gemeinsam schaffen wir es. Zu sich selbst etwas Nettes über sich selbst zu sagen, ist für manche eine schwierige Umstellung, ganz besonders für Menschen mit geringem Selbstwertgefühl. Es kann sich buchstäblich schwer anfühlen, diese Worte auszusprechen, weil sie zu wenig mit dem Selbstbild dieser Person übereinstimmen.

Ich kann dir aber versprechen, dass es wirklich einfach wird, wenn du erst einmal angefangen hast. *Und Spaß macht es auch!*

Nimm dir einen Moment Zeit und denke daran, wann du das letzte Mal in den Spiegel geschaut hast. Was hast du von dir selbst gedacht (oder zu dir gesagt)? Als du dich heute Morgen angezogen und die Zähne geputzt hast, hast du da Liebe für dich selbst und deinen Körper empfunden? Wenn ja, dann ist das großartig – Hut ab! Mach weiter so, denn das schafft einen Tag voller Freude, Spannung und Möglichkeiten. Du wirst dich Hals über Kopf in *Auf einen Kaffee mit dir selbst* stürzen, ich weiß es!

Vielleicht war es heute Morgen aber nicht ganz so rosig? Waren deine Selbstgespräche negativ? Hast du dich selbst kritisiert? Wenn ja, dann erzeugst du negative Energie, die dir den ganzen Tag über folgt, wie eine im Schweinestall aufgewirbelte Wolke aus Schmutz und Ungeziefer.

Oder vielleicht hast du dich selbst ignoriert und dich ausgeklinkt, während du deine Zähne auf Autopilot geputzt hast. Das ist zwar neutral, aber dennoch eine verpasste Gelegenheit.

Mach dir keine Sorgen, das ist alles in Ordnung. Na ja, es ist nicht okay, es ist halt »normal«. Was ich damit eigentlich sagen will: Keine Sorge, wir kriegen das schon hin! *Auf einen Kaffee mit dir selbst* ist die Rettung! Mithilfe von Selbstgesprächen kannst du ein ganz neues Ich, eine neue Persönlichkeit schaffen – das ist so aufregend!

Wie man großartige Selbstgespräche führt

Gute Nachrichten: Gute Selbstgespräche bestehen einfach darin, gute, positive, aufbauende Gedanken zu wählen – und das so oft wie möglich. Deine Selbstgespräche sind mächtig! Sie sind ein brillantes Werkzeug, das mehr Fülle in dein Leben bringen wird. Dazu braucht es nur etwas Übung, die dir mit meinem *Auf einen Kaffee mit dir selbst*-Ritual ganz leichtfallen wird. Wenn du deine Selbstgespräche änderst, dann änderst du dein Leben.

Du willst eine verblüffend gute Gesundheit? Setze auf Gesundheit ausgerichtete Selbstgespräche ein. Du willst mehr Geld verdienen? Setze auf Wohlstand ausgerichtete Selbstgespräche ein. Du willst mehr Selbstvertrauen? Setze Selbstgespräche ein, die dich persönlich stärken. Was auch immer du verbessern oder verändern willst: Selbstgespräche beschleunigen deine Veränderungen um das Zehnfache.

Alles beginnt mit deinen Worten, Gedanken, Gefühlen und deiner Sprache – deinem Selbstgespräch. Um mehr Geld zu verdienen, musst du dich würdig fühlen. Solltest du dich nicht wirklich würdig fühlen, kannst du dies durch Selbstgespräche ändern. Gesund fühlt man sich, wenn man sich ganz fühlt. Das Gefühl der Ganzheitlichkeit kann mit Worten programmiert werden, die du über deinen Geist, deinen Körper, deine Gesundheit und deine Gewohnheiten sprichst. Alles beginnt mit deinen Selbstgesprächen.

Aber sie sind nicht nur der Ausgangspunkt, sondern auch der größte Motor für das Erreichen deiner Ziele.

Die Korrektur deiner Selbstgespräche kann so einfach sein wie der Gedanke »Ich bin wirklich produktiv und kann richtig gut schreiben«. Oder wenn dich jemand fragt: »Hi, wie geht es dir?«, dann antwortest du mit einer tollen Rückmeldung wie »Mir geht es super!« oder »Ich fühl mich großartig!«.

Das mag sich anfangs seltsam anfühlen. Übertrieben, dumm, albern und komisch.

Ist es aber nicht! Je öfter man so vorgeht, umso mehr Spaß macht es, vor allem, wenn man die Reaktionen der Leute beobachtet. Ich liebe es, wenn mich jemand fragt, wie es mir geht. Mein Gegenüber erwartet dann häufig das typische »Mir geht's gut«, aber dann schmettere ich ihm ein *»Mir geht's unglaublich gut!«* entgegen. Oder sogar: *»Einfach nur fantastisch!«* Richtig witzig, die verblüfften Gesichter in diesen Momenten. Nachdem der erste Schock abgeklungen ist, können sie aber gar nicht anders, als mit ein wenig Ehrfurcht zu antworten: »Wow, das ist ja klasse!«

Wenn sich das Befremdliche erst einmal gelegt hat, werden diese positiven Antworten zu deiner neuen, heimeligen Norm. Und solltest du dann ausnahmsweise mal nicht mit einer tollen, positiven Affirmation antworten, wird es dir so vorkommen, als würde etwas fehlen. Gerade in der Anfangsphase, solange sich positive Äußerungen aus deinem Mund noch seltsam anhören, musst du dir darüber im Klaren sein, dass *du den Worten anfangs nicht wirklich glauben musst.* Mit der Zeit wirst du es aber! Das ist nämlich die Magie des Selbstgesprächs.

Du stellst neue Verknüpfungen in deinem Gehirn her – und das geschieht automatisch, wenn du die Worte aussprichst. So sind wir alle konstruiert. Die Art und Weise, wie du dich heute fühlst – gut oder schlecht –, ist das Ergebnis der Gehirnprogrammierung durch Worte, die du in der Vergangenheit von Eltern, Lehrer*innen, Freund*innen, dem Fernsehen, den sozialen Medien und so weiter erhalten hast. Und vor allem durch die Worte, die du selbst gedacht oder zu dir selbst gesagt hast.

Wenn du also sagst »Ich bin gesund, großartig, kraftvoll, zuversichtlich« et cetera, befiehlst du deinem Geist, sich auf eine bestimmte Erfahrung zuzubewegen. Dein Leben beginnt, sich in diese Richtung zu bewegen, und treibt dich in Richtung eines neuen Schicksals – eines, das du selbst entworfen hast.

Es ist tatsächlich einfach. Und du erfährst schon bald mehr darüber, wie du deine eigenen Selbstgespräche schreiben und warum du sie mit einem Kaffee kombinieren solltest.

Durch die Anpassung deiner Selbstgespräche werden deine aktuellen Programme umgeschrieben und das Bedienfeld deines Gehirns richtig eingestellt, um dein Verhalten und deine Handlungen so zu steuern, dass du anfängst, das Leben zu leben, das du eigentlich leben solltest. Wenn du bisher schlechte Selbstgespräche geführt hast, mach dir keine Gedanken. Jede*r kann jetzt damit beginnen, das zu ändern. Du selbst hast die Macht dazu. Heute, genau in dieser Sekunde.

Dieses Buch ist ein Werkzeug und dein Engagement bei diesem einfachen Ritual, das auf den folgenden Seiten beschrieben wird, bestimmt deinen Erfolg. Denke daran, dass es dir *in jedem Moment* freisteht, lebensbejahende und kraftvolle Gedanken zu denken – oder eben nicht. Du hast die Wahl. Jede Wahl ist eine Chance, etwas zu verändern.

Also – wie sieht's aktuell mit deinen Selbstgesprächen aus?

Ich war ziemlich schockiert, als ich mir etwas Zeit nahm, um meinem eigenen Selbstgespräch zuzuhören. Das war ein einschneidender Moment für mich. Ich dachte immer, ich wäre ganz gut in Sachen Selbstgespräche, aber erschreckenderweise war das nicht mal annähernd so. Meine Selbstgespräche waren sogar genau genommen ziemlich mies.

Als ich erkannte, dass alles, was wir sagen, in irgendeiner Form eine Bewertung ist, sei sie positiv oder negativ, und dass genau dies unsere Realität erschafft, habe ich mir die Worte, die ich jeden Tag zu mir selbst sage, genau angeschaut. Jedes einzelne Wort, jeden einzelnen Gedanken.

Obwohl ich viel Positives über mich dachte, musste ich mit Erschrecken feststellen, dass ich eigentlich noch viel mehr Negatives dachte. Ich war eine harte Kritikerin meiner selbst und ich zählte viel mehr negative Kommentare und Gedanken über mich selbst und die Welt im Allgemeinen. Diese Gedanken drehten sich um alles Mögliche: ein graues Haar, Falten, altmodisch aussehende Kleidung, meine Ernährung, meine Finanzen, mein Energielevel, meine Lebensumstände, meine Mitmenschen und so weiter.

Obwohl ich im Allgemeinen ein positiver Mensch bin (zumindest dachte ich das), fand ich doch eine Menge Gründe, mich zu beschweren. Selbst wenn es sich nur um Kleinstbeschwerden handelte, nagten sie langsam an meinem Selbstwertgefühl, meiner Gesundheit und meiner Lebenseinstellung. Aber das wusste ich ja nicht! Das ist der Punkt, an dem es heimtückisch wird. Tatsächlich hatte ich genügend gute Selbstgespräche in meinem Leben, damit sich meine schlechten Selbstgespräche nicht zu schädlich auswirkten. Im Großen und Ganzen waren meine Selbstgespräche »gut genug« – und deshalb habe ich nicht bemerkt, wenn ich etwas Negatives sagte. Ich sah nicht, wie viel besser die Dinge sein konnten.

Nur ein Beispiel: Nehmen wir an, mein Selbstgespräch besteht an einem typischen Tag aus 37 negativen und 63 positiven Äußerungen. Die positiven Momente überwiegen, sodass ich mich eher positiv als negativ gestimmt fühle. Damit sind meine Selbstgespräche nicht so negativ, dass ich das Bedürfnis nach einer Veränderung verspüre. Doch schon einer dieser negativen Punkte wirkt sich kurz- und langfristig negativ auf mein Gehirn aus. *Einer genügt!* Mir war nicht klar, dass *jeder* negative Gedanke mich ausbremst, und sei es nur ein bisschen. Sie summieren sich und ziehen üble Folgen nach sich. Chancen schwinden wie das Licht, wenn der Strom ausfällt. Negative Selbstgespräche sind dermaßen mächtig, sie sollten nicht dein Leben bestimmen. Und *du* solltest das auch nicht wollen.

Für mich war das der absolute Augenöffner. Dieser Moment der Selbstreflexion, diese Einsicht, war auch ein kurzer, zärtlicher und trauriger Moment, als ich erkannte, wie schlecht ich mich so viele Jahre lang behandelt hatte. Ich trauerte sogar ein bisschen, weil ich wusste, dass ich mein Leben in unnötige und schädliche Dunkelheit gehüllt hatte. *Aber* es war gleichzeitig sehr ermutigend, denn es gab so viel Raum für Verbesserungen.

Vor mir lagen jetzt tonnenweise Gelegenheiten, mich selbst aufzubauen. Diese Einsicht entfachte ein loderndes Feuer in meinem Inneren und ich erkannte, wie sich mein Leben verändern würde, sobald ich das negative Gerede ausgeschaltet und ALLES durch positive Worte ersetzt hätte. Und damit meine ich wirklich ALLES! Die Herausforderung besteht tatsächlich darin, diese vollständige Veränderung zu erreichen. Denn in Wahrheit brauchen wir überhaupt keine negativen Selbstgespräche. Nada. Null. Niente. Jedes noch so kleine negative Wort hat seinen Preis. Es ist wie der Tod durch tausend Schnitte; man wird nicht durch einen einzigen negativen Gedanken getötet, aber mit jeder schädlichen Äußerung stirbt man ein bisschen mehr.

Du siehst: Deine Selbstgespräche sind nicht nur wichtig für dein Selbstwertgefühl, sondern sie wirken sich auf alle Bereiche deines Lebens aus und haben auch dramatische Auswirkungen auf deine Gesundheit. Wenn du ständig positive Selbstgespräche führst, ist das wie ein superschützendes Vitamin, das deinen Körper mit goldener Heilessenz versorgt. Daran ist nichts Mystisches, auch wenn die Worte, die ich benutze, um das zu beschreiben, so erscheinen mögen.

Gute Selbstgespräche sorgen dafür, dass du dich besser fühlst, und wenn du dich besser fühlst, schüttet dein endokrines System weniger Stresshormone aus. Das ist vorteilhaft, weil die Auswirkungen von chronischem Stress uns mit der Zeit buchstäblich umbringen. Wenn du weniger Stress erlebst, heilt dein Körper also schneller! Um es poetisch auszudrücken: Deine liebevollen Selbstgespräche schaffen die heitere Umgebung, die deine Zellen in die schimmernden Elixiere der Offenbarung taucht. Stell dir nur *diese Schönheit* vor!

Einmal vortreten bitte! Übernimm jetzt und heute Verantwortung für dein Leben

Wenn du nicht länger von den Bedingungen deiner äußeren Welt abhängig oder nicht länger den Entscheidungen anderer unterworfen bist, hast du enorme Macht. Deine Selbstgespräche sind wichtig, weil das, was du über dich selbst denkst, zu deiner Wahrheit wird. Und deine Wahrheit wird zu deinem Leben, zu deinem Schicksal. Tatsächlich ist die Art und Weise, wie du über dich selbst denkst, die treibende Kraft dafür, ob du einen guten, einen langweiligen oder einen beschissenen Tag hast. Denk darüber nach: Wie du dich jetzt fühlst, ist das Ergebnis dessen, was du heute Morgen, gestern, letzte Woche und letzten Monat über dich selbst gedacht hast.

Wir müssen diesen Wandel selbst herbeiführen, jede*r Einzelne von uns. Dein Leben wird sich nicht verbessern, wenn du es nicht selbst in die Hand nimmst. Die gute Nachricht ist, dass alles, was du dazu brauchst, bereits in dir steckt. Genau hier und genau jetzt; es liegt alles an dir. Du wirst deine eigene Quelle – oder deinen Geysir! – des Glücks und Erfolgs finden, direkt in dir. Leider ist den meisten von uns nicht bewusst, dass wir solche Kräfte besitzen.

Klingt zu schön, um wahr zu sein? Ist es aber nicht! Genau das ist die Art und Weise, wie wir leben sollten. Stell dir vor, du stehst vor einer Tür. Sie ist in diesem Moment geschlossen. Auf der einen Seite befindet sich dein wunderbares Leben, voller Licht, Liebe, Zuversicht, Freude, Sternschnuppen und wahr gewordener Träume. Auf der anderen Seite stehst DU. Du stehst da, die Hand auf der Türklinke. Alles, was du tun musst, um diese Tür zu öffnen, ist, »türöffnende« Gedanken zu denken. Es handelt sich um eine Jedi-ähnliche Kraft. Du sagst die richtigen positiven, aufbauenden Dinge über dich und dein Leben. Die Türklinke wird golden und schimmert vor Wärme und leuchtet durch die Energie, die du auf sie überträgst. Du fühlst dich durch diese Gedanken, die du dir jetzt sagst, beflügelt, und die Klinke senkt sich. Es geht ganz leicht. Du öffnest die Tür und gehst hindurch, triffst auf alles, von dem du immer wusstest, dass du es haben könntest. Das alles bist du und es war immer da und hat nur darauf gewartet, dass du einen Schritt nach vorne machst.

KAPITEL 2

AUF EINEN KAFFEE MIT DIR SELBST

Wie man *Auf einen Kaffee mit dir selbst*-Selbstgespräche führt (die Kurzversion)

Die Schritte sind ganz einfach:

Mach dir jeden Tag eine Tasse Kaffee (oder Tee oder Wasser – was immer du magst).

Wenn du dich hinsetzt, um aus deiner Tasse zu trinken, nimm dir Zeit, den Kaffee oder das Getränk deiner Wahl richtig zu genießen – ihn wirklich zu *schmecken* – während du gleichzeitig dein Gehirn mit kraftvollen Affirmationen (Worten, die du zu dir selbst sagst) füllst.

Um die Wirkung zu verstärken, sprich sie laut aus.

Und das war's auch schon.

Die folgenden Sätze sind Beispiele für mein persönliches *Auf einen Kaffee mit dir selbst*-Ritual (aus Kapitel 5):

> *Ich liebe das Leben. Ich liebe mein Leben. Ich liebe mich!*
>
> *Ich segne gerade alles in meinem Leben. Meine Couch, meinen Stuhl, mein Bett, meine Familie, meine Freunde und Freundinnen, mein ganzes Leben.*

Ich bin ein unglaublicher Mensch, weil ich freundlich, schön und großzügig bin.

Das Leben ist voller Möglichkeiten, wohin ich auch schaue. Ich werde sie ergreifen!

Ich liebe den heutigen Tag, weil ich für meinen Tag verantwortlich bin. Ich gestalte ihn so, wie ich es will! Ich fühle mich mächtig.

Ich fühle mich in diesem Moment sehr gut, weil ich mich um mich kümmere. Ich verdiene diese Zeit, um meinen Tag vorzubereiten und ihn zum besten Tag aller Zeiten zu machen.

Ich habe heute einen fantastischen Tag! Ich lächle strahlend, ich bin gespannt auf alles, was heute passieren wird, Stunde für Stunde.

Ich bin ein Magnet für Erfolg, Wohlstand, Fülle und alles, was ich mir wünsche. Ich lasse in diesem Moment alle Angst von mir abfallen. Wuuuusch!

Ich übernehme die Verantwortung für meinen Erfolg, jetzt und für den Rest meines Lebens. Ich bin eine Frau mit einer Mission.

Ich liebe es, mich so großartig zu fühlen! Jaaaaaaa!!!

Diese Gedanken und Gefühle leiten dein Gehirn und deinen Körper an wie eine Blaupause, sodass du bessere Entscheidungen treffen, weniger Fehler machen, dich emotional stärker fühlen und dein Leben leidenschaftlicher lieben kannst, als du es je für möglich gehalten hättest.

Die ersten Ergebnisse spürst du übrigens sofort! Möglicherweise spürst du anfangs noch einen gewissen Widerstand oder es ist dir unangenehm, die Zeilen zu sprechen. So oder so wirst du feststellen, dass du dich in den nächsten zwei bis drei Wochen verändern wirst, wenn du deine neuen Selbstgespräche immer wieder sprichst. Und ich rede hier von einer *dramatischen* Veränderung. Du wirst ein neuer Mensch. Eine brillante Metamorphose setzt ein. Denn dein Gehirn beginnt buchstäblich, sich neu zu verdrahten, wenn du Selbstgespräche führst. (Dazu später mehr.)

Warum Kaffee?

In den traditionellen Anleitungen für Selbstgespräche kommen leckere heiße, koffeinhaltige Getränke nicht vor. (Oder was auch immer dein Lieblingsgetränk ist. Ersetze von nun an jedes Mal, wenn ich »Kaffee« schreibe, das Wort durch dein bevorzugtes Getränk.) Die Verknüpfung des Prozesses mit dem morgendlichen Kaffee hat folgende Vorteile:

1. Ritualisierung

Wenn du ein Verhalten ritualisierst, gibst du ihm eine besondere Bedeutung. Diese Bedeutung verleiht ihm mehr Gewicht, sodass du es ernster nimmst. Je feierlicher, desto besser. Und weil Rituale wiederholt werden, werden sie teilweise verinnerlicht und automatisiert, was der Schlüssel dazu ist, etwas als Gewohnheit zu etablieren. (Mehr über Gewohnheiten erfährst du in Kapitel 14.)

2. Ausdauer

Es ist ja nicht so, dass du deinen Morgenkaffee jemals vergessen wirst. 90 Prozent des Erfolgs im Leben bestehen darin, dass man an einer Sache so lange festhält, bis sie funktioniert. Ob es um Sport, eine Diät, einen Finanzplan oder den beruflichen Aufstieg geht, Ausdauer ist das A und O. Wenn du Selbstgespräche also mit einem Teil deiner täglichen Routine verknüpfst, die du mit großer Wahrscheinlichkeit nicht auslassen wirst, kannst du dir die langfristigen, sich verstärkenden Vorteile für dein Wohlbefinden und deinen Erfolg direkt vorstellen.

3. Multisensorische Modalitäten

Wenn du dein ritualisiertes Selbstgespräch mit dem Trinken von Kaffee verbindest, verbindest du die Worte, die du sagst, mit der sensorischen und physiologischen Erfahrung des Trinkens eines warmen, köstlichen Getränks. Wenn das Getränk deiner Wahl Koffein enthält, hast du den zusätzlichen Vorteil, dass du ein nootropisches Stimulans zu dir nimmst, während du deine Affirmationen sprichst. Das bedeutet, dass das Gehirn dem, was du sagst, mehr Aufmerksamkeit schenkt. Ganz zu schweigen davon, dass jeder zukünftige Kaffee ein sofortiger zustandsabhängiger Auslöser für deinen stärksten inspirierten Gemütszustand wird — so wie der Pawlow'sche Hund sabberte, wenn er die Essensglocke läuten hörte.

4. Freude

Seien wir ehrlich: Kaffee ist einfach köstlich.

Warum du anfängst, dein Leben zu lieben, wenn du mit *Auf einen Kaffee mit dir selbst* beginnst

Wenn du deine Gedanken änderst, änderst du dein Gehirn, du änderst deinen Fokus und du änderst deine Realität. Mit neuen positiven Gedanken hast du neue Wahlmöglichkeiten, und diese Wahlmöglichkeiten führen zu neuen Verhaltensweisen. Sobald sich dein Verhalten zum Besseren verändert, hast du neue Erfahrungen und neue Gefühle. *Bäm!* Willkommen zu einem ganz neuen Ich!

Meinen Kaffee mit meinen täglichen Selbstgesprächen zu verknüpfen, ist eines der Werkzeuge, mit denen ich große Veränderungen in meinem Leben bewirken konnte. Indem ich mein Kaffee-Selbstgespräch führe, ermächtige ich mich selbst zum Handeln und zur Verwirklichung meiner Träume, mit einer frischen, neuen Perspektive, jeden Tag, von dem Moment an, in dem ich den Morgen mit meinem Kaffee beginne.

Stell dir Kaffee einen Augenblick lang so vor: ein geheimnisvolles, magisches Elixier, das dir die Superkraft des absoluten Selbstvertrauens verleiht! Ich weiß, das klingt ein bisschen albern, aber hab Geduld mit mir. Es klingt nur deshalb albern, weil Kaffee das nicht von alleine tut. Aber Selbstgespräche schon!

Sobald du beides kombinierst, verknüpfst du es in deinem Gehirn miteinander. Wenn du Kaffee trinkst, während du deine Selbstgespräche führst, und dieses Ritual täglich wiederholst, verbindest du die *Vorteile* der Selbstgespräche mit dem *Erlebnis* des Kaffeetrinkens.

Wusstest du, dass Ratten, die nach dem Verzehr eines einzigartig schmeckenden Lebensmittels bestrahlt (und damit krank gemacht) wurden, in Zukunft krank werden, wenn sie diesen Geschmack wieder schmecken, auch wenn dabei keine Strahlung verabreicht wird? Das Gehirn macht solche verrückten Sachen, die ganze Zeit! Es macht die Dinge real!

Mit *Auf einen Kaffee mit dir selbst* nutzt du diese seltsame Eigenart unseres Gehirns, um bei Bedarf deinen stärksten Geisteszustand abzurufen. Jeden Morgen! Oder mehrmals am Tag!

Außerdem fühlst du dich damit großartig, und zwar direkt. Es gibt keine Wartezeit. Es wirkt sofort. Wenn du dein Kaffee-Selbstgespräch führst, wird alles genau in dem Moment beschwingt und erhaben, in dem du es führst. Während Selbstgespräche also definitiv einige Vorteile bieten, die erst mit Verzögerung auftreten (wie zum Beispiel das Anziehen von Fülle in deinem Leben insgesamt), treten Glücksgefühle bereits bei den allerersten Worten deines Selbstgesprächs auf, und zwar jedes Mal wieder. Das ist einfach das, was dein Gehirn tut. Es steigert auch sofort deine Energie (nun, das und natürlich das Koffein – haha), und du stellst deinen Tag auf Superstar-Erfolg ein.

Anders ausgedrückt: Wenn du dich gerade mies fühlst, niedergeschlagen bist oder deine Seele lethargisch ist, ist es unmöglich, auf diesem beschissen niedrigen Lebensniveau zu bleiben, sobald du deine Selbstgespräche führst. Ich behaupte nicht, dass deine Einstellung jedes Mal von null auf hundert steigt (obwohl das bei mir und vielen anderen der Fall ist), aber sie wird sich definitiv in eine bessere Richtung bewegen. Und ein Objekt, das sich bewegt, bleibt in Bewegung.

Kurz: Wenn man aufbauende Dinge liest oder sagt, kann man gar nicht länger in völliger Dunkelheit verharren. Und jede Verbesserung hilft; sei es von null auf hundert oder auch nur von null auf eins. Das *ist* eine Veränderung zum Besseren. Sie wird jedes Mal einen Unterschied machen. Und mit der Zeit kann dieser Unterschied so deutlich ausfallen wie das Umlegen eines Lichtschalters – dann geht's von null auf hundert in nur einer *Auf einen Kaffee mit dir selbst*-Sitzung, weil du dein Gehirn darauf trainiert hast.

So ging's los mit *Auf einen Kaffee mit dir selbst*

In meinen frühen Zwanzigern begann ich, auf meine Weise mit Selbstgesprächen herumzuexperimentieren. Vor dem Spiegel übte ich spielerisch mit mir selbst motivierende Gespräche und wählte immer Worte und Gedanken, die mir guttaten. Damals wusste ich allerdings nicht, dass das, was ich tat, »Selbstgespräche« genannt wurde.

Beim Golfen habe ich aus Sicht des Balls instruktive Selbstgespräche geführt, bin eine Checkliste durchgegangen und habe mir vor dem Schwung mental ein kleines High five gegeben. Besonders gern habe ich vor Bewerbungsgesprächen Selbstgespräche geführt. Das hat mein Selbstwertgefühl gestärkt und mir geholfen, die Art von Selbstvertrauen zu zeigen, die nur jemand hat, der wirklich entspannt ist.

Selbstgespräche waren mir also nicht fremd. Aber erst, als ich meinen Mann kennenlernte, erfuhr ich, dass »Selbstgespräche« tatsächlich ein feststehender Begriff und etwas Greifbares sind. Wieso kannte ausgerechnet ich diesen Begriff nicht? Schließlich war ich absoluter Tony-Robbins-Fan, also eine echte Anhängerin der Selbsthilfe. Und wie konnte mein bezauberndes Date (jetzt mein Mann) etwas über diese spannende Sache namens Selbstgespräche wissen? Wir waren definitiv füreinander bestimmt.

Schnell stellte sich heraus, dass sein Vater, Shad Helmstetter, der jetzt mein Schwiegervater ist, von vielen als der *Vater des Selbstgesprächs* angesehen wird, weil er vielleicht mehr als jeder andere zur Popularisierung des Konzepts beigetragen hat. Also, ja, mein Mann wusste ein oder zwei Dinge darüber.

Da ich mich gerne in der Selbsthilfeabteilung des Buchladens rumdrückte, betrachtete ich mich selbst als jemanden, der den meisten Dingen im Leben positiv gegenübersteht. Wenn ich auf eine Herausforderung oder ein Problem stieß, ging ich davon aus, dass es irgendwo eine Lösung gab, auch wenn ich noch nicht wusste, welche das war. Ich war der Überzeugung, dass die Zeit alle Wunden heilt. Dass Menschen grundsätzlich gut sind, dass dunkle Wolken auch einen Silberstreif am Horizont bedeuten, dass Rückschläge mich stärker machen und so weiter.

Ein Selbstgesprächsprogramm an sich habe ich allerdings nicht verfolgt. Ich wusste einfach, dass es besser ist, gute Gedanken zu denken als schlechte. Da ich aber nicht bewusst oder strukturiert an die Sache herangegangen bin, also kein Programm hatte, dauerte es länger, bis ich mich von Stürzen, Herausforderungen und Misserfolgen erholt hatte. Meine allgemein gute Einstellung sorgte dafür, dass ich mich *irgendwann* erholte, aber – meine Güte – es hätte SO viel schneller gehen können. Und ich hätte so viele Stürze von vornherein verhindern können, wenn meine Perspektive richtig eingestellt gewesen wäre. Mit dem Wissen, das ich jetzt habe, ist das Leben um Längen besser, allein durch das Ritual der Selbstgespräche. Das Leben ist schlicht *einfacher*.

Und das ist es, was Selbstgespräche zu bieten haben. Wenn du regelmäßig Selbstgespräche führst, – und der Schlüssel dazu ist, sie zur Gewohnheit zu machen (eine tägliche Gewohnheit, verbunden mit deiner Tasse Kaffee), dann kannst du ein unglaubliches Leben führen und du fühlst dich dadurch fast immer großartig. Dein Gehirn stellt sich quasi auf Großartigkeit ein und du erschaffst ein neues Ich.

Und das ist der Trick: Zeit für dein Selbstgespräch zu finden, und zwar regelmäßig. Ich meine, seien wir mal ehrlich, es gibt tausend Gelegenheiten am Tag, um mit sich selbst positiv zu reden. Auf dem Weg vom Schlafzimmer in die Küche, beim Pinkeln oder Zähneputzen, beim Autofahren, beim Kochen – all das sind Gelegenheiten, um deine innere Stimme anzuzapfen und dich aufzumuntern.

Und wenn du Selbstgespräche führst, während du deinen Morgenkaffee trinkst, lässt du keinen einzigen Tag aus. *Auf einen Kaffee mit dir selbst* wird zu einer guten Gewohnheit, mit absoluter Regelmäßigkeit, denn kein*e Kaffeetrinker*in, der/die etwas auf sich hält, lässt seinen oder ihren Kaffee aus! Durch die Verbindung der beiden Aktivitäten Kaffeetrinken und Selbstgespräche-Führen wird das Ritual verinnerlicht, es wird zu einem *Automatismus.*

Dahinter steckt aber noch mehr. Wenn ich mein Kaffee-Selbstgespräch führe, sitze ich nicht einfach da und denke zwischen den Schlucken positive Dinge und beschäftige mich mit der erstbesten pudrigen Regenbogenwolke, die mir in den Sinn kommt. *Oh nein,* es funktioniert viel bewusster. Ich habe ein komplettes Programm entworfen und es so feingetunt, dass es sowohl leicht umzusetzen als auch extrem erfolgreich ist.

Auf einen Kaffee mit dir selbst auf DER grundlegendsten Ebene

1. Schnapp dir Stift und Papier, ein Tagebuch, deinen Computer oder dein Smartphone mit einer App wie Evernote oder Notizen. (Ich benutze Notizen auf meinem iPhone.)

2. Schreibe 15 bis 20 großartige Dinge über dich selbst auf. Schreibe in der ersten Person und im Präsens. Zum Beispiel: *Ich bin ein*e glückliche*r, sexy aussehende*r Millionär*in.* (Ich sage das, obwohl ich noch keine echte Millionärin bin. Es ist sehr wichtig, von der Zukunft zu sprechen, als wäre sie die Gegenwart.) Diese 15 bis 20 Sätze sind deine Selbstgespräche, und sie können deine eigenen positiven Affirmationen, Songtexte, die dich aufmuntern, inspirierende Zitate, die du in die erste Person umwandeln kannst, und vieles mehr enthalten. Du wirst sie jeden Tag verwenden, und es steht dir frei, jederzeit Änderungen vorzunehmen.

3. Sobald du morgens aufgestanden bist, holst du dir deine köstliche Tasse Kaffee und trinkst sie, während du deine Selbstgespräche liest, immer und immer wieder. Und noch einmal, bis du deinen Kaffee ausgetrunken hast. Am besten liest du dir vor, selbst wenn es nur geflüstert ist. Mach dies jeden Morgen parallel zum Kaffeeschlürfen – so wird diese Zeit zu deinem ganz persönlichen *Auf einen Kaffee mit dir selbst*-Ritual.

4. Genieße den großartigen Tag, den DU gerade geschaffen hast.

Wir kratzen hier erst mal nur an der Oberfläche. Wenn du weiterliest, erfährst du, warum dieses Ritual so mächtig ist und wie du dein eigenes *superkrasses* Kaffee-Selbstgesprächsprogramm erstellen kannst.

Mit *Auf einen Kaffee mit dir selbst*-Gewohnheiten stapeln

Als ich eines Tages dem Hörbuch *Atomic Habits* (auf Deutsch erschienen unter dem Titel *Die 1%-Methode*) von James Clear lauschte, wurde mir klar, dass das, was ich mit meinem *Auf einen Kaffee mit dir selbst* umsetzte, meine eigene Version dessen war, was er *Habit Stacking* nennt. Das Stapeln von Gewohnheiten ist einer der Gründe, warum *Auf einen Kaffee mit dir selbst* so effektiv ist. Du nimmst eine positive Gewohnheit, das Selbstgespräch, und stapelst sie auf eine andere Gewohnheit, die du bereits liebst, nämlich das Kaffeetrinken. So nutzt du deine Zeit effizient und schaffst eine Verbindung, die du zu deinem Vorteil einsetzen kannst.

Ich für meinen Teil habe ja bereits regelmäßig Kaffee getrunken, was ich gerade morgens liebe. Und indem ich dieser Gewohnheit meine Selbstgespräche hinzufügte, war es relativ einfach, eine Mega-Turbo-Selbstgesprächsgewohnheit zu schaffen, die über längere Zeit anhält. Wenn ich versucht hätte, diese Gewohnheit ohne den Kaffee einzuführen – nun, wer weiß, ob ich dabeigeblieben wäre. Vielleicht, vielleicht aber auch nicht. Jedenfalls ist meine tägliche Tasse Kaffee heute mit brillanten Affirmationen gefüllt, die meinen Tag prägen. Und seltsamerweise genieße ich meinen Kaffee jetzt sogar mehr als davor! Stärke dich also, indem du eine bewährte, attraktive Gewohnheit mit einem neuen Verhalten verbindest, das du zur Gewohnheit machen möchtest – und sie damit quasi übereinanderstapelst. Genau so funktioniert *Habit Stacking*.

Der große Vorteil ist, dass du die Zeit für dieses Programm bereits hast. Du trinkst ja schon eine Tasse Kaffee. Nur gehst du jetzt schlauer mit deiner Zeit um und gibst ihr zusätzlich Sinn. Ganz bewusst. Statt Zeit damit zu verschwenden, soziale Medien zu checken oder E-Mails zu überfliegen, tust du etwas, was dein Glück und deine persönliche Effektivität in nur wenigen Minuten garantiert steigert.

Das olle Zeugs zu verfolgen, wie beispielsweise soziale Medien, verfestigt das alte Ich. Wir sind stattdessen aber an Transformation interessiert. Weil wir ein grandioses Leben in Fülle und Glück führen wollen, lernen wir neue Gewohnheiten wie *Auf einen Kaffee mit dir selbst* für unser neues Selbst. Anstatt also morgens als Erstes Dinge zu tun, die unter das Etikett »Konsum« fallen, pushst du dich selbst, indem du mit positiven Selbstgesprächen sofort deine eigenen Kräfte aktivierst.

Mit deinen Selbstgesprächen wirst du gleich morgens schöpferisch tätig und kannst regelrecht beobachten, wie schnell sich dein Leben verändert.

Dabei sollte man wissen, wie man Gewohnheiten aufrechterhält. Wenn du dir eine neue Gewohnheit aneignen willst, ist es hilfreich, wenn du selbst davon überzeugt bist, dass sie erstrebenswert ist und dass du ein gutes Gefühl dabei hast. Es genügt nicht, dass andere Leute sagen, dass die Gewohnheit gut ist, sondern du musst selbst daran *glauben*. Wenn du ihr eine positive Bedeutung beimisst und weißt, dass sie für dich von Vorteil ist, wird dein Wille mit deinem Ziel in Einklang gebracht. Sobald dieser Einklang hergestellt ist, verflüchtigt sich der Widerstand und der erfolgbringende Prozess wird beschleunigt.

Damit gute Gewohnheiten dauerhaft bestehen bleiben, musst du einen Plan erstellen, wann und wo du das Verhalten, das zur Gewohnheit werden soll, ausführst. Damit ist die Wahrscheinlichkeit, dass du dabeibleibst, einfach größer. Und *Auf einen Kaffee mit dir selbst* ist genau diese Art von Plan! Unseren Kaffee am Morgen lieben wir bereits, und jetzt verknüpfen wir ihn mit einer neuen Gewohnheit, die wir schaffen wollen, dem Selbstgespräch. So verstärkt sich der Prozess ganz von selbst, denn deine neue Identität verstärkt im Gegenzug deine Selbstgesprächsgewohnheit und sorgt so für eine lebenslange Veränderung.

Und diese neue Gewohnheit ist nicht nur an den Morgen als Tageszeit geknüpft. Durch ihre Verbindung zum Aroma und Geschmack des Kaffees wird es nicht lange dauern, bis sich unsere Gedanken auch zu anderen Zeiten des Tages positiven Selbstgesprächen zuwenden. Solltest du beispielsweise später am Morgen oder am frühen Nachmittag eine zweite Tasse trinken, können deine Gedanken gar nicht anders, als zu positiven Selbstgesprächen überzugehen. Oder du gehst an einem Café oder einem Geschäft vorbei, in dem Kaffee geröstet oder aufgebrüht wird – auch das kann deine positiven Selbstgespräche auslösen! Wenn dir das zum ersten Mal passiert, wirst du sicher innerlich kichern und wissend nicken.

KAPITEL 3

DIE UNGLAUBLICHEN VORTEILE DES *AUF EINEN KAFFEE MIT DIR SELBST*-RITUALS

Das Wichtigste zuerst! Wirklich jede*r kann Selbstgespräche nutzen und von den tiefgreifenden Ergebnissen und der Widerstandsfähigkeit profitieren, die sie bewirken. Ob Frau, Mann, Kind, Teenager oder Senior – wir alle können die Vorteile sofort nutzen. Man muss nur damit anfangen und sich verpflichten, das Ritual täglich umzusetzen, was, wie du feststellen wirst, ganz einfach ist. Wenn du erst einmal angefangen hast, wirst du schnell merken, dass Selbstgespräche *genauso süchtig machen wie dein Kaffee*.

Vorteil Nummer 1: *Auf einen Kaffee mit dir selbst* für dein legendäres Leben!

Rasch wirst du entdecken, dass *Auf einen Kaffee mit dir selbst* ein mächtiges Programm ist, denn es erlaubt dir, mit einem einfachen, lebensgestaltenden Strom an positiven Affirmationen deiner Wahl eine neue Identität zu schaffen. Oberflächlich betrachtet mögen die Sprüche und Affirmationen einfach nur Worte sein, aber ihre Wirkung auf dich greift viel tiefer. Dieses kraftvolle innere Gespräch fixiert, formt und programmiert dein Unterbewusstsein um und verwandelt dich tatsächlich in eine dynamische neue Person. Dadurch wirst du aufblühen, denn das Ritual bringt sowohl dein Gehirn als auch deinen Körper in Schwung und flutet dich mit wohltuenden Neurotransmittern und Endorphinen.

Es macht dich also nicht nur effektiver und besser darin, Möglichkeiten anzuziehen, sondern es macht dich auch genau in diesem Moment glücklich.

Auf einen Kaffee mit dir selbst reichert so im Endeffekt dein Leben *massiv* mit Energie und Enthusiasmus an. Du wirst feststellen, dass die Sätze und goldenen Worte Freude in dir entfachen, sobald sie dir über die Lippen kommen. Sie lassen dich hell erstrahlen, wie der schöne Stern, der du bist. Und wenn du so strahlst, wirst du dich besser fühlen – glücklich, um genau zu sein. Euphorisch sogar. Das wiederum zieht ein außergewöhnlicheres Leben an, denn du wirst zu einem Magneten für alles Erstaunliche. Dein Leben wird einfacher, weil es mühelos fließt.

Sobald du damit durchstartest, wirst du genau wissen, wovon ich spreche. Dinge ändern sich, einige kleine und einige große. Schon bald wirst du feststellen, dass du gelassener bist, weniger vorverurteilend und einfach verdammt glücklich. So fängt es für jede*n von uns an.

Und dann hat man einen Lauf, und es ergeben sich so viele verrückte, coole Synchronizitäten, dass man nicht anders kann, als sich zu kneifen. Aber nach einer Weile beginnst du, damit zu rechnen. Dein Leben entwickelt sich zu epischer Größe, weil das jetzt einfach die neue Normalität ist, die du auch erwartest.

Es wird sich zwar magisch anfühlen, aber eigentlich handelt es sich um pure Wissenschaft. Die Worte, die du denkst und sagst, programmieren dein Verhalten auf bestimmte Weise. Die Sätze, die du wählst, lösen bestimmte Gefühle und Emotionen aus, die durch die Chemikalien verursacht werden, die dein Körper als Reaktion darauf freisetzt. Diese positiven Emotionen, die wir durch unser *Auf einen Kaffee mit dir selbst*-Ritual erzeugen, helfen uns bei der Bildung von Endorphinen (Opiatpeptiden) und den sogenannten »Wohlfühl«-Neurotransmittern wie Dopamin, Serotonin (dem »Glückshormon«) und Oxytocin (dem »Liebes- und Bindungshormon«). Tatsächlich finden Wissenschaftler*innen immer mehr von diesen »Glücksstoffen«, wie zum Beispiel den Neurotransmitter Anandamid, der als »Glücksmolekül« bekannt ist. Unser Gehirn bildet es, wenn wir uns in einem erhöhten emotionalen Zustand befinden. Das ist mega!

Bei deinen Selbstgesprächen wählst du die Worte, die du sagst, so aus, dass sie zu deiner Situation passen und die Wirkung maximieren. Diese Worte sind nicht nur der Schlüssel, um sich im aktuellen Moment großartig zu fühlen (der kurzfristige Nutzen), sondern sie sind auch die Quelle der *magischen* Wissenschaft, die deine langfristigen Träume wahr werden lässt.

Sagen wir's mal so: Mit *Auf einen Kaffee mit dir selbst* wirst du dich verdammt viel besser, gesünder, stärker und glücklicher fühlen. Du wirst an jeder Ecke weitere günstige Gelegenheiten, bedeutungsvolle Beziehungen und lustige Momente vorfinden. Du wirst feststellen, dass sich deine gesamte Sicht auf die Welt ändert. Die Scheuklappen fallen, und einzigartige Möglichkeiten, die dir vorher nicht bewusst waren, tauchen plötzlich vor dir auf. Tatsächlich bestanden einige dieser Möglichkeiten schon immer, aber deine selektive Wahrnehmung hat bewirkt, dass du sie herausgefiltert hast, und zwar basierend auf deinem früheren mentalen Zustand und deinen Vorstellungen von der Welt.

Jetzt dagegen wirst du feststellen, dass du in der Lage bist, Dinge zu tun, die du nie für möglich gehalten hast. Übrigens hat das *Auf einen Kaffee mit dir selbst*-Ritual einen großen Anteil daran, dass ich Autorin von Liebesromanen geworden bin, obwohl ich das nie für möglich gehalten hätte.

Vorteil Nummer 2: Sich endlich (!) selbst lieben

Zunächst gehört zum Selbstgespräch naturgemäß, dass du liebevolle Dinge über dich selbst denkst und sagst, wodurch du dir gegenüber automatisch auch mit Freundlichkeit handelst.

Nehmen wir zum Beispiel eine Frau, die mit ihrem Körper nicht zufrieden ist. Aber sie fängt dennoch an, sich selbst und ihren Körper zu lieben. Das entspricht nicht ihrem üblichen Empfinden. Früher beschwerte sie sich und seufzte nur, wenn sie ihren Körper im Spiegel sah. Aber jetzt hat sie beschlossen, bessere und schönere Dinge zu denken und zu sagen – sie ist fest entschlossen, heller zu strahlen und dieses Licht mit einer neuen Art, mit sich selbst zu sprechen, auf sich selbst zurückstrahlen zu lassen.

Nach ein paar Tagen, in denen sie diese neue »Ich liebe mich«-Routine beibehalten hat, bemerkt sie eine Veränderung. Sie stellt fest, dass sie sanfter mit sich selbst umgeht, freundlicher ist und sich selbst weniger kritisiert. Nach einer weiteren Woche findet sie sich sogar hübscher als je zuvor. Ihre Freundlichkeit sich selbst gegenüber, die sie immer wieder geäußert hat, wirkt zurück, sodass sie sich nun tatsächlich in einem neuen, strahlenden Licht sieht.

Der wirklich verrückte Teil – der *magische* Teil – besteht darin, dass sie jetzt tatsächlich attraktiver *ist* – buchstäblich attraktiver für andere Menschen. Menschen haben feine Antennen und reagieren, oft unbewusst, auf die kleinsten Veränderungen in der körperlichen Präsenz: Gesichtsausdruck, Körperhaltung, Haltung, Verhaltensweisen, Sprache, Selbstvertrauen und so weiter. Geht liebevolles, strahlendes Licht von dir aus, merken die Leute das!

Für manche Menschen wird es sicher anfangs langsam und mühsam vorangehen. Die Worte erscheinen einem unaufrichtig, und das ist in Ordnung so. Bleib hartnäckig. Es *wird* funktionieren. Du *wirst* dich verändern. Mehr Liebe wird durch dich fließen und von dir ausstrahlen.

Zweitens: Sobald du dein *Auf einen Kaffee mit dir selbst*-Ritual nutzt, um eine tiefe Liebe für dich selbst zu empfinden, lassen sich deine Träume leichter verwirklichen. Denn dann fängst du an, wirklich an dich zu glauben. Das Ritual macht dein Leben leichter, weil du weniger gestresst und damit belastbarer bist. Ganz zu schweigen davon, dass es mehr Spaß macht, mit dir zusammen zu sein. Unterschätze nicht die Kraft, die deine Selbstliebe für die Verwirklichung deiner Träume mitbringt.

Der springende Punkt ist, sich selbst so zu lieben, wie man *jetzt* ist, während man sein Gehirn auf das neue Ich ausrichtet, zu dem man wird. So wartest du zum Beispiel nicht darauf, dass du die von dir als zu viel wahrgenommenen Pfunde abgenommen hast, bis du dich selbst liebst. Vielmehr liebst du dich so, *wie du jetzt bist,* und beobachtest dann, wie das Gewicht mühelos schwindet, weil du das neue Selbstwertgefühl einer schlankeren Person hast.

Warum das funktioniert? Das ist im Prinzip ganz einfach. Wenn du dich so liebst, wie du jetzt bist, triffst du Entscheidungen, die diese Liebe zu deinem Körper unterstützen. Und diese Entscheidungen erscheinen mühelos, fallen leicht; sie sind nicht stressig und ziehen dich nicht runter. Wenn du deinen Körper jetzt in diesem Moment liebst, wählst du eventuell gesündere Lebensmittel oder kleinere Portionen, *ohne es zu merken* – dein Unterbewusstsein leistet dabei die ganze Arbeit. Ein Mensch, der seinen Körper liebt, missbraucht ihn nicht regelmäßig. Sobald sich deine Selbstgespräche ändern, ändert sich deshalb auch dein Verhalten. Oder stell dir Folgendes vor: Vielleicht entscheidest du dich ja für das Stück sündhaften Schokoladenkuchen, weil du dich selbst liebst und ihn genießen wirst. Du liebst dich die ganze Zeit, während du ihn isst, bei jedem Bissen, und du hast *keine Schuldgefühle.* Auch das ist stark!

Das erste Beispiel ist offensichtlich: Du hast dich für gesunde Lebensmittel entschieden und bist dadurch gesünder geworden. Das zweite Beispiel – der dekadente Kuchen – ist weniger offensichtlich. Es bedeutet schlicht und ergreifend, dass du so viel Freude und Liebe für dich selbst empfindest, dass es keine Schuldgefühle, keine Stresshormone und keine Negativität gibt und dass dein Körper das Essen liebevoll und gesund aufnimmt. Natürlich will ich damit nicht sagen, dass wir jeden Tag Kuchen spachteln sollten, weil wir uns so verdammt lieben, aber mal im Ernst: Das würde wegen des ersten Beispiels sowieso nie passieren. Wir lieben uns selbst, und das verändert unser Verhalten, damit wir uns für etwas Besseres entscheiden, und wenn wir uns für etwas Besseres entscheiden, leben wir auch besser. Jeden Tag Kuchen zu essen wäre unvereinbar mit deiner selbstliebenden Identität, und du hättest nicht den Drang, etwas zu tun, was dir schadet.

Aber das ist noch nicht alles! Tägliche Selbstliebe und -akzeptanz *schenken dir auch Gesundheit.* Deine Zellen sind überglücklich und Proteine und Hormone schwirren in deinem Körper umher und helfen dir, gesund zu sein, Entzündungen zu reduzieren und dich für eine starke Zukunft wiederaufzubauen. Wenn dein Selbstwertgefühl gestärkt wird und deine Selbstliebe wächst – beides Ergebnisse deines *Auf einen Kaffee mit dir selbst*-Rituals –, kannst du damit anfangen, Gewicht abzunehmen, ohne deine Ess- oder Fitnessgewohnheiten zu ändern, allein durch metabolische Veränderungen! Das mag seltsam erscheinen, aber das Gehirn hat seine eigene Art, Dinge wahr werden zu lassen, vor allem, wenn es um deinen Körper, deinen Stoffwechsel, deine Genexpression, deine Immunabwehrkraft und deine Gesundheit im Allgemeinen geht.

Hier ein weiteres Beispiel: Zuallererst muss man *sich selbst* lieben, bevor man darauf warten kann, jemanden zu finden, der einen liebt. Wenn du dich zunächst selbst liebst, kannst du beobachten, wie jemand Wunderbares in dein Leben tritt, wie von Zauberhand. Hier sind die Prinzipien des Gesetzes der Anziehung am Werk. Liebevolle und liebende Menschen werden von liebevollen und liebenden Menschen angezogen. Sendest du also die richtige Energie aus, merken andere das und finden es unwiderstehlich.

Ein anderes Beispiel: Du wartest nicht darauf, dass eine Krise eintritt, die dich dazu veranlasst, dein Leben zu verbessern oder es neu zu gestalten. Stattdessen bist du dankbar für jeden Atemzug, den du jetzt tust, und du liebst und schätzt dich und dein Leben so, wie es heute ist. Wenn du ein anständiges Leben ohne größere Beschwerden führst, dann warte nicht, bis etwas Schlimmes passiert, um etwas zu unternehmen. Grabe dir deinen Brunnen, bevor du durstig bist! *Auf einen Kaffee mit dir selbst* ist der richtige Weg, um jetzt damit anzufangen!

Es gibt keine Ausreden dafür, nicht heute anzufangen. Hier verrate ich dir eine Regel, nach der du leben solltest:

> *Dich selbst zu lieben, ist eine Voraussetzung für die Verwirklichung deiner Träume.*

Du willst dich wohlfühlen, dich umwerfend und schön und voller Energie fühlen und mit mehr Leichtigkeit durch dein Leben tanzen? Dann fang an, dich selbst zu lieben. Heute. Mit deinem *Auf einen Kaffee mit dir selbst*-Ritual.

Denn wenn wir uns selbst lieben, geschieht etwas Erstaunliches. Alles hellt sich auf, schimmert, wird leichter und doch intensiver. Eine unsichtbare Last fällt von unseren Schultern, wenn wir uns selbst die Erlaubnis erteilen, das zu tun, was unser Geburtsrecht ist: Uns selbst zu lieben. Wir fühlen uns sofort besser, ganz gleich, was gerade im Leben passiert. Eine Trennung? Eine Pandemie? Eine Kündigung? Eine verletzende Täuschung? Vollkommen in Ordnung, denn wenn man sich selbst liebt, fühlt man sich ganz. Wenn du dich selbst liebst, fühlst du dich wertvoll. Wenn du dich ganz und wertvoll fühlst, bist du absolut frei. Unaufhaltsam. Du bist liebenswert, wertvoll und wunderbar.

Sobald wir damit beginnen, uns selbst zu lieben, erzeugen wir eine Energie, eine köstliche, samtige Schwingung. Sie umgibt dich und reicht über dich hinaus. Sie wird zum nährstoffreichen Boden, auf dem die Samen der Selbstgespräche wachsen, die du säst. Selbstliebe macht deine Selbstgespräche kraftvoller. Sie zieht die richtigen Menschen, die richtigen Gelegenheiten und die richtigen Umstände in dein Leben.

Sich selbst zu lieben, mag anfangs schwer erscheinen. Aber genau hier kommt *Auf einen Kaffee mit dir selbst* ins Spiel und leitet dich an. Während du dein tägliches Selbstgespräch führst, gibst du dir selbst Kraft, veränderst die Verdrahtung in deinem Gehirn und beginnst, dich selbst zu lieben. Wenn du dich das erste Mal hinsetzt, um dein *Auf einen Kaffee mit dir selbst*-Skript zu lesen, mag es sich noch nicht so anfühlen, aber nach und nach schlägt es Wurzeln. Du pflanzt Samen, gießt und nährst sie durch Wiederholung, und die Sprossen schlagen schließlich Wurzeln. Bald wirst du bemerken, dass dein Leben immer besser zu werden scheint und deine Möglichkeiten und Chancen exponentiell wachsen.

Vorteil Nummer 3: *Auf einen Kaffee mit dir selbst* zum Glücklichsein

Inzwischen weißt du, dass Selbstgespräche dein Selbstwertgefühl, dein Wohlbefinden und deine Lebensfreude erheblich steigern. Und dass diese wiederum deinen Körper und deinen Geist heilen und vervollkommnen. Ich wiederhole das auch gerne, damit du es nie vergisst: Positive Selbstgespräche machen Menschen ungemein glücklicher.

Glück existiert im Augenblick. Das ist gut zu wissen, denn es bedeutet auch, dass du es jederzeit abrufen kannst. Rufst du es ständig ab, erzeugst du einen kontinuierlichen Fluss von Glücksmomenten, wie eine Glücksinfusion, was wiederum langfristig zu einem *Glücksmuster* führt. Die Forschung zeigt, dass glücklichere Menschen produktiver, hilfsbereiter, aktiver und sympathischer sind. Außerdem sind sie weniger gestresst. Gehöre also zu den glücklichen Menschen, die widerstandsfähiger, gesünder und kreativer sind und mehr Geld verdienen – bääääm!

Lass uns also loslegen und durchstarten, denn dein Glück liegt ganz in deinem eigenen Kopf. Es liegt an dir. Egal, was um dich herum passiert, egal, wie deine Lebensumstände sind, egal, welcher Mist dir als Kind passiert ist oder gestern bei der Arbeit oder vor zehn Minuten: Die Art und Weise, wie du reagierst und vorankommst, liegt zu 100 Prozent *an dir*.

Vorteil Nummer 4: *Auf einen Kaffee mit dir selbst* für Resilienz

Du wirst feststellen, dass deine Selbstgespräche eine gesunde und »schützende« Angewohnheit sind, denn so kannst du deine Gefühle leichter unter Kontrolle halten und wirst nicht so leicht durch äußere Ereignisse oder deine eigenen zufälligen Gedanken gestört. Dein gestärktes Selbstwertgefühl verhindert es. Wenn dein innerer Wert (dein Selbstwertgefühl) zunimmt, haben äußere Umstände und Meinungen weniger Gewicht. Sobald dies geschieht, prallen die Kugeln an dir ab (nun ja, im übertragenen Sinne), denn die Selbstgespräche geben dir die Kraft und Widerstandsfähigkeit, wieder aufzustehen und weiterzumachen.

Diese Flexibilität und die Resilienz, die du erreichen wirst, gehören zu den wichtigsten Vorteilen von *Auf einen Kaffee mit dir selbst.* Es ist, als würdest du eine Rüstung tragen. Und weil du weißt, dass du sie trägst, gewinnst du den Mut und das Selbstvertrauen, nach Höherem zu streben und Risiken einzugehen. Zum Beispiel hast du das Selbstvertrauen, diesen besonderen Menschen zu einem Date einzuladen, um die verdiente Gehaltserhöhung zu bitten, ein Video auf YouTube hochzuladen, ein Unternehmen zu gründen oder dein Talent bei einem Poetry Slam zu zeigen. Oder hey, sogar deinen Roman zu schreiben! Auf jeden Fall hast du keine Angst mehr vor Ablehnung und freust dich darauf, neue Herausforderungen anzunehmen und aus ihnen zu lernen.

Das gilt für mich in höchstem Maße. Meine Selbstliebe erlaubt es mir, als Autorin, trotz – uaahh! – Rezensionen gut gelaunt zu bleiben! Es ist nämlich supereinfach, sich von einer negativen Rezension eines völlig Fremden den ganzen Tag verderben zu lassen. Selbst wenn es sich nur um eine einzelne, merkwürdige Meinung in einem Meer an guten Kritiken handelt, fühlt es sich trotzdem scheiße an und kann einen in die Verzweiflung treiben. Aber wenn du ein hohes Selbstwertgefühl besitzt und dich selbst liebst, sind dir die Meinungen anderer egal. Du bist vor ihnen geschützt und sogar in der Lage, die Kritik objektiv und emotionslos zu betrachten, falls sie etwas enthält, das dir helfen könnte, dich zu verbessern.

Vorteil Nummer 5: *Auf einen Kaffee mit dir selbst* für Liebe, Geld und Gesundheit

Auf einen Kaffee mit dir selbst verbessert dein Leben in vielerlei Hinsicht, aber die drei wichtigsten Bereiche sind:

- Liebe
- Gesundheit
- Geld

Ich werde darauf in den nächsten Kapiteln noch näher eingehen. Was ich dir aber jetzt schon verraten kann, ist, dass *Auf einen Kaffee mit dir selbst* dabei helfen kann, ewige Liebe oder eine lebenslange Beziehung zu finden – du weißt schon, was ich meine: die Art Liebe, über die Filme gemacht werden. Der Grund dafür ist einfach: Das Ritual hilft dir dabei, dein authentisches Selbst zu sein, und *das* hilft dir wiederum, deinen Seelenverwandten anzuziehen, jemanden, der mit deinem *wahren* Ich in Einklang steht.

Selbstgespräche werden von vielen zur Verbesserung der eigenen Gesundheit eingesetzt, sei es, um eine Krankheit oder eine Verletzung zu heilen, um in Form zu kommen oder einfach um das allgemeine Wohlbefinden zu steigern (siehe Kapitel 14 bis 16).

Und Selbstgespräche können auch deinem Bankkonto zugutekommen, indem sie deinen Reichtum und deine Fülle vergrößern, während dein Selbstvertrauen und deine Kreativität steigen (siehe Kapitel 17). Denn jetzt erkennst du mehr Möglichkeiten und Türen, die sich öffnen. Außerdem gibst du dein Geld klüger aus und konzentrierst dich auf das, was dich wirklich glücklich macht.

Vorteil Nummer 6: *Auf einen Kaffee mit dir selbst* zur schnelleren Manifestation deiner Träume

Der Grund, warum ich meine Selbstgespräche zur täglichen Gewohnheit gemacht habe, ist, dass ich so schnell wie möglich vorankommen wollte, nachdem ich mich erst einmal entschieden hatte, eine *Happy Sexy Millionärin* zu werden. Denn nichts bringt die Dinge schneller voran als konsequenter, täglicher Fortschritt.

Selbstgespräche sind ein wichtiger Bestandteil, um mein Schicksal als *Happy Sexy Millionärin* zu erfüllen. Das Ritual ist eines meiner Werkzeuge, um meine Einstellung und mein Selbstwertgefühl konsequent aufzubauen. Es lässt mich vorwärts tuckern wie einen Güterzug. Jeden. Einzelnen. Tag. Wie ich auf meiner *Happy Sexy Millionärin*-Reise gelernt habe und später noch erläutern werde, besteht eine entscheidende Komponente des Gesetzes der Anziehung (und der Manifestation deiner Träume) darin, den ganzen Tag über positive Emotionen aufrechtzuerhalten, und ich habe für mich festgestellt, dass genau das mit *Auf einen Kaffee mit dir selbst* denkbar einfach ist.

Sich nur Gedanken über das traumhaft schöne Leben zu machen, das man sich wünscht, und über die Ziele, die man erreichen will, ist nicht unbedingt der schnellste Weg, um das alles zu verwirklichen. Das bloße Aufstellen einer Liste von Wünschen und Sehnsüchten bringt dich gerade mal auf die Kriechspur zum Überfluss. Das ist dann zwar keine Sackgasse, aber eben auch keine Fahrt mit Turboantrieb.

Die Magie setzt ein, wenn du deine Ideen, Ziele und Lebensambitionen mit *erhabenen Emotionen* verbindest – wenn du dich unbegrenzt, begeistert und voller Liebe fühlst. Es ist diese Verbindung zwischen dem *denkenden* und dem *fühlenden* Teil deines Gehirns, die Kohärenz in deinen Gedanken und Handlungen schafft, alle bescheuerten Barrieren (wie Selbstzweifel) beseitigt und dich in einen Formel-1-Wagen setzt, der auf dein zukünftiges, legendäres Leben zurast.

Sobald dein Herz mit diesen Gefühlen angefüllt ist, bleibt kein Platz für Angst. Stell dir mal vor, wie sich dein Leben anfühlen würde, wenn du keine Angst verspüren würdest. Früher schwamm ich in Angst. Jetzt ist sie praktisch verschwunden. Der Unterschied zwischen damals und heute ist absolut erstaunlich und ich werde ganz sicher nie wieder zu meinem damaligen Leben zurückkehren.

Vorteil Nummer 7: *Auf einen Kaffee mit dir selbst* schafft ein neues magisches Ich

Stell dir vor: Du manifestierst deine Träume, fühlst dich glücklich und zufrieden. Wie großartig wäre das? Wie anders wäre dein Leben, wenn du das Gefühl hättest, lächelnd hindurchzusegeln, anstatt dich abzuschleppen und zu schuften? Wie viel mehr könntest du jeden Tag, jede Woche oder jeden Monat erreichen, wenn du mehr Energie, Elan und Selbstvertrauen hättest? Denke über all diese Dinge nach, denn mit deinem neuen *Auf einen Kaffee mit dir selbst*-Selbstgesprächsprogramm wirst du wie ein Phönix aus der Asche steigen.

Die positiven Emotionen und Gedanken, die du sagst und denkst, senden Befehle an dein Unterbewusstsein. Sie sind eine Blaupause für dein Gehirn. Wenn du deinen Kopf mit diesen Gedanken füllst, werden sie zu deinen Gewohnheiten, du triffst neue Entscheidungen und erschaffst eine unglaubliche neue, magische Version von dir – nach deinen eigenen Vorstellungen!

Hast du dir jemals gewünscht, du hättest mehr von der einen oder anderen Sache? Fragst du dich, wie es wäre, wenn du mutiger, lustiger oder kreativer wärst? Wünschst du, du wärst eine bessere Schriftstellerin? Würdest du gerne abnehmen? Möchtest du entspannter und nicht so ängstlich sein? Die gute Nachricht: Du kannst deine Persönlichkeit und deine Einstellung mit regelmäßigen Selbstgesprächen ändern, die speziell darauf ausgerichtet sind, dich zu der Person zu machen, die du gerne sein möchtest.

Und: Es funktioniert wirklich. Ich bin der lebende Beweis dafür, ebenso wie die Millionen von Menschen, die das Ritual auch nutzen. *Auf einen Kaffee mit dir selbst* hat mich glücklicher gemacht. Es hat mich zu einer besseren Schriftstellerin gemacht.

Es hat mich motiviert, auch an den Tagen ins Fitnessstudio zu gehen, an denen ich keine Lust dazu hatte. Es hat mich zu einer besseren Mutter gemacht. Es hat mich zu einer romantischeren Ehefrau gemacht. Die Liste lässt sich beliebig fortsetzen und du kannst die gleichen Ergebnisse erleben.

Vorteil Nummer 8: *Auf einen Kaffee mit dir selbst* für mehr Selbstvertrauen

Meine Selbstgespräche haben mein Selbstvertrauen so sehr gestärkt, dass ich jetzt problemlos mit Fremden spreche und leichter ins Gespräch komme als früher. Selbst in Italien, wo ich die Sprache noch nicht sonderlich gut beherrsche, gehe ich auf Menschen zu, ohne Angst, es zu vermasseln oder missverstanden zu werden. Dadurch lerne ich nicht nur mehr (in meinem Fall Italienisch), sondern es eröffnen sich auch viele neue Möglichkeiten. Manchmal lerne ich Dinge oder treffe Menschen, die ein unmittelbares Problem in meinem Leben lösen, oder ich knüpfe durch ein einziges Gespräch mit einem Fremden ein ganz neues Netzwerk von Menschen. Oder ich entdecke eine Möglichkeit, wie ich ihnen bei etwas helfen kann. Oder ich finde einfach einen neuen Freund. Es ist in jedem Fall ein Gewinn.

Auf einen Kaffee mit dir selbst macht es auch möglich, mich selbst zu lieben, wenn ich Stress und Angst habe, und schafft einen sicheren Ort, an dem ich sofort sein kann. Wenn ich früher einen Blogbeitrag schrieb oder ein Buch veröffentlichte, empfand ich nicht nur Freude über mein Ergebnis, sondern mich plagten gleichzeitig Ängste. Denn sobald mein geschriebener Inhalt in der Öffentlichkeit stand, fühlte ich mich verletzlich. Ich fragte mich, wie meine Werke wohl aufgenommen würden. Ich kniff ängstlich die Augen zusammen, während ich ständig in die sozialen Medien linste, um zu schauen, ob mein Beitrag auch bei den Leuten ankam.

Zum Teufel damit! Jetzt schiebe ich meine Kunst mit Freude und Begeisterung in die Welt. Mein Geist ist jetzt durch mich darauf konditioniert zu wissen, dass ich eine produktive Schriftstellerin bin, die einen Wert für andere darstellt. Und dass dies aus einer unbegrenzten Quelle der Kreativität rührt. Heute kann ich ununterbrochen schreiben, weil es keinen Mangel an Kreativität gibt. Genau das sage ich mir immer wieder – und es funktioniert!

Ich mache mir keine Sorgen mehr über die Reaktionen anderer. Einigen wird es gefallen, anderen nicht. Die Leute, die es mögen, sind mein Publikum; die, die es nicht mögen, sind es nicht. Ich für meinen Teil habe so verdammt viel Spaß am Schreiben und Teilen, dass ich mich freue und darauf brenne, es weiterhin zu tun.

Sobald du dich darauf eingestellt hast, selbstbewusst zu sein, denkst du nicht mehr bewusst darüber nach. Das Ganze wird zu deiner neuen Normalität, zu deiner neuen Art zu sein. Dann liegen wahre Meisterschaft und Macht in deinen Händen. Deine Standardeinstellung im Kopf wird zu einer Haltung der Flexibilität und des Vertrauens. Wie eine Palme in einem Tropensturm bleibt sie wie angewurzelt und biegt sich mühelos im Wind, bis der heulende Sturm vorübergezogen ist. So kannst du jede Situation meistern und der Angst widerstehen. Das ist episch. Das ist *der* Durchbruch.

Vorteil Nummer 9: *Auf einen Kaffee mit dir selbst* für eine gesicherte Zukunft

Auf einen Kaffee mit dir selbst macht dich auch fit für die Zukunft. Wenn du dein Selbstvertrauen stärkst und die damit verbundenen Gefühle erlebst, minimierst du die Auswirkungen von Schocks und Stress bei zukünftigen Ereignissen. Vertrauen führt zu Erfolg, und Erfolg führt zu Vertrauen – ein positiver Kreislauf. *Auf einen Kaffee mit dir selbst* setzt diesen Kreislauf in Gang. Es beginnt direkt mit dem Aufbau deiner kugelsicheren Panzerung. Wenn du eine Weile dabeibleibst, wirst du so gestählt sein, dass dir Kugeln nichts mehr anhaben können.

All dies erreichst du, indem du dir selbst gegenüber einfache Aussagen triffst. Worte sprichst. Deine Worte.

In diesem Buch erfährst du, wie du dein eigenes *Auf einen Kaffee mit dir selbst* erstellst, damit du all diese unglaublichen Vorteile nutzen kannst. Ich verrate dir, was du in deinen Selbstgesprächen sagen kannst, inklusive einzigartiger Verbesserungen, die ich persönlich benutze und die über das Aufsagen der Worte hinausgehen, um mein tägliches Ritual noch effektiver zu gestalten. Wenn du dir die Zeit nimmst und dich zum Trinken deiner Tasse Kaffee hinsetzt, deine Selbstgespräche durchliest und am Ball bleibst, wirst du ein erstaunliches Leben haben. Versprochen!

KAPITEL 4

DIE WISSENSCHAFT HINTER DER MAGIE DES SELBSTGESPRÄCHS

Selbstgespräche verändern tatsächlich die physische Struktur deines Gehirns. Das menschliche Gehirn ist neuroplastisch, das heißt, es kann sich auf drastische Weise verändern, egal, wie alt man ist. Auf diese Weise lernen wir neue Fähigkeiten wie Klavierspielen, Bogenschießen, eine neue Sprache oder in meinem Fall das Schreiben von Romanen.

Das bedeutet aber auch, dass sich unsere Denkmuster ändern können, zum Beispiel die Art und Weise, wie wir die Welt betrachten oder auf Ereignisse reagieren. Neurowissenschaftler*innen haben bestätigt, dass unser Gehirn sehr flexibel bleibt und dass man neue neuronale Pfade aufbauen kann. Wenn du neue Dinge lernst, werden die Zellen deines Gehirns (Neuronen genannt) aktiv! Du führst Regie und sie sind die Schauspieler*innen. Du bist der General. Sie stehen als Soldaten unter deinem Kommando; sie tun, was du ihnen sagst.

Genauso hilft dir *Auf einen Kaffee mit dir selbst*, dich aus der Sackgasse zu befreien und auf den richtigen Weg zu gelangen, dein magisches Leben zu lieben und deine Herzenswünsche anzuziehen. Denn du – *du* – bestimmst, was in deinem Kopf Wurzeln schlägt (oder nicht), basierend auf dem, was du in jedem Moment denkst und fühlst. *Auf einen Kaffee mit dir selbst* gibt dir diese Kontrolle.

Befeure deine Gedanken, um dein Hirn zu vernetzen – Denkweisen einbrennen

Wenn du etwas wiederholt tust oder fühlst, verankert sich das in deiner Denkweise. Genauer gesagt: Deine Gehirnzellen »befeuern« die Gedanken, die du hast, und verdrahten sie, stellen Verknüpfungen her. Das heißt, sie werden in einer bestimmten Kombination aktiviert, und jedes Mal, wenn sie auf diese Weise gemeinsam »brennen«, beginnen sich die Neuronen aufgrund der Wiederholung dieses Musters zu verbinden oder zu verdrahten.

Je öfter dies geschieht – oder je mehr Emotionen die Vernetzung begleiten –, desto stärker ist die Verbindung. Tust du dies oft genug, wird das Muster tief verwurzelt, so als ob die Drähte dicker und stärker wären. Dies bewirkt eine wesentliche Veränderung in deinem Gehirn. Es macht dich auch zu dem, *wer du bist* – bestimmt deine Persönlichkeit.

Wenn du diesem Prozess deine Aufmerksamkeit schenkst, hast du die Kontrolle über ihn. Du kannst jederzeit bewusst vorgehen. Neue Gedankenmuster, Überzeugungen, Verhaltensweisen und Gewohnheiten – wiederholt ausgeführt – werden sich entzünden und ein neues Leben schaffen, wann immer du willst. Du hast die Kontrolle und alles kommt von deinen Gedanken, Verhaltensweisen und Gefühlen. Neues Denken? Neues Ich!

Je mehr deine Neuronen in einem Muster gemeinsam feuern, desto stärker sind sie miteinander vernetzt. Je stärker die Drähte sind, desto ausgeprägter sind sie. Und desto schwerer lassen sie sich auch abbauen, sie werden also widerstandsfähig und dauerhaft. Darum ist es gut, wenn man gute Dinge vernetzt. Und, nun ja, schlecht, wenn man schlechte Dinge vernetzt, wie beispielsweise schädliche Gewohnheiten und negative Überzeugungen über sich selbst oder die Welt, die vielleicht nicht einmal wahr sind. Aber sobald du diese erkennst, KANNST du sie ändern.

Darum ist diese Supermacht von entscheidender Bedeutung

Die Fähigkeit, dein Gehirn neu zu vernetzen, ist wichtig, denn so erschaffst du ein neues Ich! Auf diese Weise schaffst du dein legendäres Leben und erlebst Glück und Freude, und zwar *als Standard.* Mit anderen Worten: Diese Variante deiner selbst wird zu deiner neuen Norm. Du musst nicht darauf warten, dass etwas außerhalb von dir passiert, um dich gut zu fühlen, denn du hast das Rezept und die Zutaten für Veränderungen jederzeit in dir. Das ist unsere Superkraft, und jede*r kann sie nutzen!

Auf einen Kaffee mit dir selbst hat mir geholfen, mein Gehirn auf Erfolg umzuprogrammieren, und es wird dasselbe für dich leisten. Anstatt müde, groggy oder unkonzentriert aufzuwachen, springe ich jetzt mit einer Kraft aus dem Bett, die mich beschwingt in einen brandneuen Tag katapultiert! Wenn ich auf die Morgen meiner Vergangenheit zurückblicke, waren diese so anders als meine jetzigen Erfahrungen. Selbst in der Zeit der Coronapandemie waren meine Tage mit Freude und Sinn erfüllt. Die Umstände haben mein Leben zwar vorübergehend durcheinandergebracht, aber sie konnten nichts an meiner Glückseligkeit ändern, die aus einer tiefen Reserve in mir kam.

Ich kann es nicht oft genug betonen: Mit der richtigen Einstellung, den richtigen Worten und Gedanken wirst auch du eine Quelle der Freude anzapfen können, ganz gleich, was um dich herum geschieht.

Die Baumschere – ein Werkzeug, das dein Gehirn nutzt, um dir zu helfen

Das Tolle daran ist, dass mit der Zeit die alten Verdrahtungen verwittern, wenn du deine neuen Denkmuster befeuerst und vernetzt, da du sie einfach weniger benutzt. Die Verbindungen in deinem Gehirn verkümmern buchstäblich durch Nichtgebrauch, genau wie Muskeln. Wie man in diesem Fall so schön sagt: »Wer nicht trainiert, verliert.«

Mit anderen Worten: Je mehr gute Dinge du sagst und denkst, desto mehr verändert sich dein Gehirn, um diese Dinge zu unterstützen, während die alten, ungenutzten Verbindungen abgebaut werden. Diesen Vorgang im Gehirn nennen Neurowissenschaftler*innen Beschnitt, was eine wunderbare Metapher ist. Stell dir vor, dass all der alte, schlechte Müll weggeschnitten wird, wie tote oder schwache Äste an einem Baum, wodurch mehr Nährstoffe und Energie für die gesunden Äste zur Verfügung stehen. *Schnipp. Schnipp. Schnapp.*

Bei der Neuprogrammierung deines Unterbewusstseins für dein legendäres Leben ist das ein großartiger Vorgang, denn wenn deine neue Verdrahtung erst einmal durch Wiederholung gefestigt ist, können sich die alten negativen Muster nur sehr schwer (oder gar unmöglich) wieder einschleichen. Mit genügend Zeit und unter der Voraussetzung, dass du dein positives Selbstgespräch beibehältst, besteht keine Gefahr mehr, in dein altes Selbst zurückzufallen. Der schöne Schmetterling, zu dem du geworden bist, hat eine unumkehrbare Metamorphose durchlaufen, sodass du dich nicht mehr in eine Raupe zurückverwandeln kannst. Selbst wenn alte Auslöser aus dem Nichts auftauchen, haben sie keine Macht mehr über dich. Der alte einschränkende Mist – Überzeugungen, Ideen, Gedanken und so weiter – verstummt schließlich und belästigt dich nicht mehr. Ist das nicht eine Erleichterung?

Während dies geschieht, baut dein Gehirn die alten, defekten Leitungen ab, um diese Bausteine für die fantastischen neuen, aktiven Schaltkreise, die du gerade schaffst, wiederzuverwenden. Das neue Ich ist auf dem Weg! Während du also neue Dinge lernst, veränderst du die Person, die du bist, weil dein Gehirn ständig Altes abbaut und Neues schafft, und zwar in Echtzeit. Du bekommst, was du wiederholst. Es heißt also nicht »Du bist, was du isst«. Es heißt vielmehr »Du bist, was du *denkst*«*!*

Stell dir vor, du hättest ein völlig anderes Gehirn als das, was du jetzt hast

Die Neurowissenschaft zeigt, dass sich dein Gehirn mit jedem neuen Gedanken, jeder neuen Emotion und jeder neuen Erfahrung, die du machst, physisch und chemisch verändern kann. In nur wenigen Wochen kann es zu enormen Veränderungen kommen, unabhängig von deinem Alter oder deinen Lebensumständen!

Hier nur ein Beispiel: Wenn ich großartige Gedanken denke und erhabene Emotionen (Liebe, Ehrfurcht, Dankbarkeit und so weiter) fühle, feuere ich das gute Zeugs an und vernetze sie. Das kann so einfach sein, wie an meinen Mann und meine Tochter zu denken und Liebe für sie zu empfinden. Oder ich denke an das Essen, das ich zu mir nehme, und empfinde Dankbarkeit. Oder ich betrachte die Berge oder das Meer und empfinde Ehrfurcht. Oder ich spüre Frieden, wenn ich mit meinem Hund kuschele.

Oder ich stehe in meiner eigenen Kraft und weiß, dass ich fähig und großartig bin. Oder ich denke mit aufgeregter Vorfreude an die Zukunft, die ich entwerfe, und ich fühle mich schrankenlos.

All diese Momente, in denen ich erhöhte Emotionen spüre, machen mein Gehirn fit für Erfolg, Liebe und alles Gute im Leben. Nenn es »Up-Wiring« deines Gehirns, denn es ist ein Upgrade! Außerdem lasse ich dabei meine alten, auf Angst basierenden Schaltkreise (die in meiner Kindheit entstanden sind) nicht länger laufen, und so beginnen sie mit der Zeit zu verkümmern. Richtig genial!

Aber es geht nicht nur um dein Gehirn

Bis jetzt habe ich immer betont, wie Selbstgespräche dein Gehirn umprogrammieren. Aber es geht darüber weit hinaus, denn dein Gehirn steuert so viel von dem, was in deinem Körper passiert. Tatsächlich kann dein Gehirn deinen Körper buchstäblich *verändern.*

Was auch bedeutet, dass Selbstgespräche deinen Körper verändern können!

Wusstest du, dass es Untersuchungen gibt, die zeigen, dass das, was du denkst, deinen Körper physisch verändern kann, ohne dass du tatsächlich etwas Physisches tust? So mächtig sind unsere Gedanken. Es gibt zum Beispiel Studien, in denen sich Menschen *vorstellen*, einen Muskel zu bewegen, und sie erzielen *tatsächlich körperliche Kraftzuwächse* – ohne einen Finger gerührt zu haben! Hallooo? Wie bitte? Unglaublich, oder? Wer braucht schon ein Fitnessstudio, wenn er einfach die Matrix seines Geistes anzapfen kann, um Kraft zu erhalten? Hihi.

Aber mal im Ernst: Die Probanden in dieser Studie aktivierten in ihrem Gehirn Bahnen, die mit Bewegung zu tun haben, sodass ihr Gehirn dachte, sie würden sich bewegen, obwohl sie es nicht taten. Als man sie im MRT beobachtete, um darzustellen, was im Gehirn geschah, zeigten die Bilder dieselbe Aktivität, egal, ob die Muskeln ein echtes Gewicht anhoben oder nicht. Das ist phänomenal!

Auch im Buch von Dr. Joe Dispenza – *You Are the Placebo* (auf Deutsch erschienen unter dem Titel *Du bist das Placebo)* – findet sich ein unglaubliches Beispiel dafür, wie mächtig unser Verstand wirklich ist. Es zeigt, wie der Geist die Reaktion des Körpers auf eine allergische Substanz verändern kann. In Japan wurde eine Studie mit 13 Jungen durchgeführt, die überempfindlich auf eine Pflanze reagierten, die eine ähnliche Wirkung wie Giftefeu besaß. Die Forscher berührten die Schüler an einem Arm mit Blättern eines Baumes, die harmlos waren, sagten den Jungen aber, dass es sich bei diesen Blättern in Wirklichkeit um giftige Blätter handelte. Das Ergebnis bestand darin, dass alle 13 Arme, die mit den harmlosen Blättern berührt wurden, eine Hautreaktion zeigten, obwohl die Blätter nicht giftig waren. *Aber die Jungen glaubten, sie seien giftig*!

Dann berührten die Forscher die Jungen am anderen Arm mit *giftigen Blättern*, aber dieses Mal sagten sie den Jungen, diese Blätter seien harmlos. Diesmal zeigten nur zwei der 13 Jungen, die mit den giftigen

Blättern berührt wurden, eine allergische Reaktion. Elf der 13 Jungen hatten keine Reaktion, weil sie die Blätter für harmlos hielten.

Unglaublich, oder?! Das ist die Art von Macht, die wir alle allein durch unseren eigenen Verstand besitzen.

Wiederholen, um zu verstärken

Sobald du Gedanken, die du denkst, egal, ob sie gut oder schlecht sind, wiederholst, gewinnen sie an Schwung und Kraft. Deshalb kann man es in etwa so auf den Punkt bringen: »Wiederholen heißt verstärken.« Da die Wiederholung sowohl gute als auch schlechte Gedanken gleichermaßen wirksam verstärkt, sollten du dich für GUTE entscheiden!

Jedes Mal, wenn wir gute Worte wiederholen, wächst ihr emotionaler Wert und es entstehen stärkere Gefühle hinter ihnen. Geschieht dies, solltest du ganz aufmerksam sein, denn – *hurra!* – dein Gehirn und dein Körper setzen sich in Bewegung, um deine leuchtende neue Realität zu erschaffen.

Deine Gedanken wirken wie Zinseszinsen, um dein neues Leben zu manifestieren. Die Effekte vervielfachen sich, wenn du sie wiederholst. Sei also klug und wähle jeden Gedanken, der in deinem Kopf zirkuliert (und jedes Gefühl, das in deinem Körper zirkuliert), weise aus, denn jeder einzelne ist wichtig. (Tatsächlich *werden* deine selbst gesprochenen Gedanken buchstäblich *zu Materie.*)

Wenn du ein Mensch bist, der sich beschwert und jammert, hilft dir das nicht weiter. Überhaupt nicht. Wenn du bereits beim Aufwachen das Gefühl hast, unter einem Berg von Aufgaben, Schulden oder scheinbar belastenden Umständen zu versinken, ist es an der Zeit, nicht nur deine Perspektive zu ändern (ich werde dir später einige Tricks dazu verraten), sondern diese Gedanken zum Schweigen zu bringen, indem du ihnen nicht einmal die Chance gibst, sich zu zeigen. Höre auf, in der Dunkelheit zu leben. Denn wenn du das tust, verschwendest du dein Leben!

Diese Gedanken sind negative Bewertungen und jedes Mal, wenn du einen von ihnen denkst oder sagst, werden die schlechten Bahnen in deinem Gehirn stärker. Man nennt sie Affirmationen, weil sie genau das tun – sie affirmieren etwas, als sei es die Wahrheit! Besser also, wir verdrängen das negative Gerede mit unseren ermutigenden, positiven Gesprächen und den *Techniken der alternativen Perspektive* (APT) (siehe Kapitel 10). Du wirst sehen, dass sich daraufhin echte Veränderungen ergeben.

Unsere Überzeugungen können uns heilen – seelisch und körperlich. Aber sie können uns auch schaden. Du gehörst zu den Menschen, die sagen: »Immer, wenn die Grippe kursiert, bekomme ich sie auch«? Dann rate mal, was passiert! Genau – du schaffst damit die Voraussetzungen dafür, dass diese Aussage so oft wie möglich zutrifft. (Dies wird in der Wissenschaft gerade heiß diskutiert und es gibt sogar ein ganzes Fachgebiet namens Psychoneuroimmunologie, das die chemischen Wege untersucht, die unser Gehirn benutzt, um unser Immunsystem zu verändern und um uns mehr oder weniger resistent gegen Krankheiten zu machen. Das ist kein Hokuspokus oder Voodoo – es geht vielmehr um Neurotransmitter, Hormone und Epigenetik.)

Unsere Worte sind extrem mächtig. Unsere neuroplastischen Gehirne machen all das möglich, denn sie besitzen die Fähigkeit, sich zu verändern. Dein Geist – und damit auch deine Persönlichkeit und deine Realität – sind nicht statisch. Das wirklich Erstaunliche ist jedoch, wie schnell sich Veränderungen vollziehen können. Dein Gehirn kann sich in einer Sekunde verändern, mit einem einzigen Gedanken, und deshalb kannst du auch die Richtung deines Lebens sofort ändern. *Auf einen Kaffee mit dir selbst*, regelmäßig durchgeführt, schafft eine gesunde Einstellung, die automatisch, mühelos und wunderbar natürlich ist. Deine großartige Einstellung wird zur Gewohnheit – wie eine Superheld*innen-Fähigkeit!

Sicher kennst du die alten Sprichwörter »Menschen ändern sich nicht« oder »Man kann einem alten Hund keine neuen Tricks beibringen«. Na ja, diese Aussagen sind vielleicht im Allgemeinen in dem Sinne wahr, dass die meisten Menschen gar nicht wissen, dass sie sich ändern können – und deshalb versuchen sie es nicht einmal. Aber streng genommen sind diese Aussagen völlig falsch. Menschen können sich ändern und tun es auch. Man KANN neue Tricks lernen, egal in welchem Alter. Dr. Helmstetter zum Beispiel hat in seinen Siebzigern zum ersten Mal Pfeil und Bogen in die Hand genommen. Heute ist er ein erfahrener Bogenschütze mit olympischen Fähigkeiten. *Das* ist Neuroplastizität!

Unter den richtigen Bedingungen kann sich also jede*r verändern. Und das Beste ist: Du kannst *sofort* damit anfangen.

KAPITEL 5

DEIN EIGENES *AUF EINEN KAFFEE MIT DIR SELBST*

In diesem Augenblick stehst du in deiner eigenen reichen Kraft, egal, wo du bist, egal, wie die Umstände in deinem Leben aussehen. Spüre, wie du eine neue Seite deines Lebens aufschlägst. Deine Zeit ist gekommen. Du hast das Potenzial und die Autorität, deine Überzeugungen über dich selbst zu ändern, und zwar heute. Du hast das Recht, in jedem Moment eine bessere Wahl zu treffen. Dabei geht es allein um die Gedanken, die du über dich selbst und die Welt denkst. Programmiere dein Gehirn auf das Beste um, und du wirst die Früchte ernten. Deine Zeit ist *jetzt* gekommen.

In diesem Kapitel gehe ich die Grundlagen für das Schreiben deines eigenen *Auf einen Kaffee mit dir selbst* durch, von Anfang an. Falls du lieber nicht selbst schreibst oder du vorgefertigte Beispiele verwenden möchtest, um sofort durchzustarten, findest du Beispielskripte in Teil II dieses Buches.

Die Regeln für dein persönliches *Auf einen Kaffee mit dir selbst*-Skript

Regel Nummer 1: Schreibe in der ersten Person

Schreibe, sprich und denke deine Selbstgespräche immer in der ersten Person. Beispiel:

> *Ich gehe großzügig mit meinem Erfolg um und ich teile ihn gerne mit anderen.*

Die Ich-Perspektive ist notwendig, um dein Ich sowohl zum Geber als auch zum Empfänger der Programme zu machen, die in deinem Gehirn neu vernetzt werden. So ist es am einfachsten, dich direkt in deinen eigenen Kopf hineinzuversetzen und ihn schneller zu spüren. Du erzählst deine Geschichte mit deinen Worten, mit deiner Stimme. »Ich« ist das *Selbst* im Selbstgespräch.

Regel Nummer 2: Schreibe im Präsens

Der zweite Trick, um kraftvolle Selbstgespräche zu führen, besteht darin, sie im Präsens zu schreiben. Dadurch entsteht das Gefühl, dass es bereits geschehen ist oder dass es jetzt geschieht. Nicht morgen, nicht nächsten Monat, nicht nächstes Jahr. Tu das auch, wenn das, was du dir wünschst, noch nicht eingetreten ist. Denke daran, dass du damit dein Gehirn umprogrammierst. Du willst, dass dein Gehirn anfängt, sich so zu verhalten, als ob das, was du dir wünschst, bereits Wirklichkeit geworden wäre Du willst deinem Gehirn keine Ausreden geben, um Dinge auf später zu verschieben.

Schreibe und sprich also deine Selbstgespräche so, als gäbe es keine Zeit zwischen dem, was du sagst, und dem, was du tust. Es gibt keinen

Abstand zwischen dir und deinen Errungenschaften und deinem guten Gefühl.

Die Dinge, die du in dein *Auf einen Kaffee mit dir selbst* schreibst, reichen von Erfolgen, die du dir vorstellst, über Wege, sie zu verwirklichen, bis hin zu den Gefühlen, die du dabei hast. Es handelt sich um deine epische neue Wahrheit und du ziehst deine Wünsche an, indem du alles positiv affirmierst.

Halte deinen Zauberstab bereit

Für ein Brainstorming zum Schreiben deines eigenen *Auf einen Kaffee mit dir selbst*-Skripts bietet es sich an, dass du zunächst über dein jetziges Leben im Vergleich zu dem Leben, das du dir wünschst, nachdenkst. Wenn du einen Zauberstab schwingen und dich selbst oder dein Leben verändern könntest, was würdest du tun?

Wünschst du dir einen besseren Job? Würdest du gerne die Liebe finden? Hättest du gerne mehr Selbstvertrauen? Möchtest du von einer Krankheit oder Verletzung geheilt werden? Möchtest du abnehmen oder die Motivation finden, Sport zu treiben? Möchtest du gerne trainieren? Möchtest du dir eine gute Gewohnheit wie Meditation aneignen? Willst du dir eine schlechte Angewohnheit wie Zucker abgewöhnen? Wünschst du dir, du wärst lustiger? Wohlhabender? Glücklicher? Kreativer?

Denk darüber nach, was du willst, wer du werden willst, wie du leben willst und wie du dich fühlen willst.

Stell dir die folgenden Fragen:

Was sind die Dinge, die mir Energie geben?
Wie kann ich mehr von diesen Dingen in meinem Leben haben?
Welche drei Dinge oder Menschen bringen mir pure Freude?
Was ist meine Lieblingsbeschäftigung?
Wo ist mein Lieblingsurlaubsort?

Wovon will ich mehr?
Wovon möchte ich weniger haben?
Was will ich, was ich jetzt nicht habe?
Wie werde ich mich fühlen, wenn ich die Dinge habe, die ich mir wünsche?

Schreibe alles auf, was dir in den Sinn kommt. Dann nimm diese Träume und schreibe sie in Form von Sätzen und Formulierungen mit Worten wie »Ich liebe …« und »Ich bin …« und »Ich fühle …« und so weiter auf (Beispiele findest du in den Skripten ab Seite 147).

Mach dein *Auf einen Kaffee mit dir selbst*-Ritual zu einem täglichen Prozess

Sobald du deine Selbstgespräche geschrieben hast (oder eines der mitgelieferten Skripte ausgewählt hast), lies sie dir jeden Morgen bei einer Tasse Kaffee vor (am besten laut).

Auch hier mag es sich komisch anfühlen, mit sich selbst und über sich selbst zu sprechen, aber keine Sorge. Ich verspreche dir, dass es dir schnell leichtfallen wird und Spaß macht. Du wirst dich rasch an das Geräusch gewöhnen, mit dir selbst und über dich selbst zu sprechen. Bald fühlt es sich so normal an, dass du schlechte Gedanken oder schlechte Worte über dich nicht länger dulden wirst. Dann fällt dir nämlich auf, wie falsch sich das anfühlt, wie Sandpapier, das auf Satin reibt.

Je öfter du deine Selbstgespräche laut aussprichst, desto leichter fällt es dir, sie zu führen. Das Ritual wird lustig und natürlich und wirst du dich darauf freuen. Du wirst dich danach sehnen wie nach deinem Kaffee. Da es dein Gehirn und deinen Geist mit superangereicherten mentalen Nährstoffen versorgt, wirst du vielleicht sogar anfangen, dich strahlend und funkelnd zu fühlen, und das fühlt sich richtig gut an. Solltest du irgendwelche Momente des Zweifels oder seltsame Gefühle haben, beobachte einfach den Gedanken und sage: »Danke, dass du vorbeigekommen bist, Gedanke.« Und dann mach weiter, denn so gewinnst du!

Jetzt loslegen – mit einem einfachen Skript zum Start

Ich möchte dir erst einmal zwei Beispiele für ein allgemeines, unspezifisches *Auf einen Kaffee mit dir selbst*-Skript an die Hand geben. Im ersten Beispiel beginne ich mit sanften und effektiven Worten. Du kannst diese in deine bevorzugte Notizen-App tippen oder in ein schönes Notizbuch schreiben.

Später bauen wir dann das folgende Skript zu intensiveren und wirkungsvolleren Worten aus, aber dieses leichte Beispiel liefert dir Ideen für den Anfang, gerade wenn du ganz neu in Sachen Selbstliebe und Stärkung deines Selbstwertgefühls unterwegs bist.

Hol dir eine Tasse Kaffee und setz dich hin, um sie durchzulesen. Leg nach jedem Satz eine Pause von ein paar Sekunden ein, damit du ihn verinnerlichen kannst.

Ich bin ein guter Mensch.

Ich mag den heutigen Tag.

Ich fühle mich im Moment gut, weil ich mich um mich kümmere. Ich liebe das Leben.

Ich liebe mein Leben, weil es eine Richtung und einen Sinn hat. Ich werde heute einen guten Tag haben, weil ich dazu bereit bin.

Mein Einkommen steigt, und es liegt nur Gutes vor mir.

Ich mag es, mich gut zu fühlen.

Ich segne alles in meinem Leben in diesem Moment. Meine Wohnung, meinen Stuhl, mein Haus, mein Leben.

Ich finde mich selbst gut, weil ich wirklich großartig bin.

Ich liebe die Macht, die ich in meinem Leben habe, um mich mit einfachen Worten gut zu fühlen. Ich erreiche viel, weil ich ausdauernd bin.

Ich entscheide mich dafür, mich gut zu fühlen, weil ich es wert bin. Ich stehe in meiner eigenen Kraft.

Heute ist alles wunderbar. Ich habe immer eine Wahl.

Ich bin gesund und wohlhabend.

Ich habe Zeit für alles, was ich heute tun möchte. Ich fühle mich großartig.

Ich habe eine unglaubliche Einstellung.

Ich liebe mich so, wie ich bin, gerade jetzt, in diesem Augenblick.

Ich lasse mich jetzt auf gute Gefühle ein, denn das ist der Schlüssel zum Erfolg. Das macht Spaß, und ich bin bereit für meinen Tag.

Das Leben ist voller Möglichkeiten, weil ich offen für sie bin. Ich bin gesund und voller Vitalität.

Ich fühle mich gerade richtig gut, weil ich mein Leben liebe.

Fühlst du dich deswegen albern?

Ich will ehrlich sein: Als ich das das erste Mal durchgezogen habe, kam ich mir echt komisch vor – aber maximal für eine Minute. Dann dachte ich an all die unglaublich erfolgreichen Menschen da draußen, die ins selbe Horn stoßen und sich dabei im Einklang befinden. Selbstgespräche sind nichts Neues und es gibt Legionen von Menschen, die sich damit den imaginären Arschtritt verabreichen, tonnenweise Geld verdienen, Krankheiten heilen, Superfitness erreichen und ein unglaubliches Leben führen.

Genau davon wollte ich ein Stück, und als ich erkannte, dass Selbstgespräche das Leben verändern und zu neuen Höhen führen können, war ich Feuer und Flamme. Ich machte mich frei und legte metaphorisch meinen Superheld*innen-Umhang an. Das Spiel konnte beginnen!

Übrigens war es richtig interessant, wie sich meine Version von *Auf einen Kaffee mit dir selbst* mit der Zeit entwickelt hat. Am Anfang waren meine Skripte ähnlich wie das Skript, das du gerade oben gelesen hast. Jetzt aber pumpe ich mich so hoch, dass ich fast das Gefühl habe zu schweben, wenn ich es lese! Ich gehe richtig darin auf.

Jetzt bist du dran

Wenn du dich das erste Mal hinsetzt und dein *Auf einen Kaffee mit dir selbst*-Skript liest, dauert das vielleicht eine Minute. Solltest du dann immer noch Kaffee in deiner Tasse haben (sehr wahrscheinlich, oder?), lies es einfach noch mal. Und noch mal. Und, ja genau, noch einmal. Mach so weiter, bis du mit deinem Kaffee fertig bist. Dann gehst du den Rest deines Tages mit einem guten Gefühl, mehr Selbstvertrauen und einer positiven Einstellung an.

Während du in dein *Auf einen Kaffee mit dir selbst*-Ritual hineinwächst, wirst du wahrscheinlich feststellen, dass dein Skript länger wird. Außerdem macht es verdammt viel Spaß und ist unglaublich inspirierend. Es macht süchtig wie das Koffein, das du dabei zu dir nimmst. Am Anfang beginnen viele mit den Grundlagen und einfachen Verallgemeinerungen. Mit der Zeit wirst du dein Skript (oder deine Skripte) allerdings durch spezifische Details ergänzen, die für dich, deine Situation und deine Ziele relevant sind.

Neue Ideen und Beschreibungen beginnen in deinem Kopf zu gedeihen. Je mehr du über das erstaunliche Leben nachdenkst, das du führst, desto mehr Ideen kommen dir. Du wirst dich dabei ertappen, wie du in x-beliebigen Momenten des Tages eine Idee oder einen Geistesblitz hast und diese in deinen Notizen festhalten willst, um sie später in dein Skript aufzunehmen. Tu das immer dann, wenn du eine Idee hast!

Die Details, die du deinen Skripten hinzufügst, sind wichtig. Sie schaffen ein lebendigeres Bild in deinem Kopf und lassen es kristallklar erscheinen. Du kannst zum Beispiel ein paar Zeilen über gesunde Ernährungsgewohnheiten hinzufügen. Du kannst eine Zeile über die Fülle einfügen, die du in deinem Leben spürst, und darüber, wie diese deine Einstellung oder deine Entscheidungen verändert hat. Du kannst einen Gute-Laune-Text aus deinem Lieblingssong hinzufügen, der dich auf dein neues Ich fokussiert. Oder du könntest eine Zeile darüber schreiben, dass du täglich etwas Körperliches tust, zum Beispiel eine Reihe von Liegestützen, denn dann bleibt dieses Bild in deinem Kopf.

Irgendwann kommst du an den Punkt, an dem du 5, 10 oder vielleicht 15 Minuten pro Tag damit verbringst, dein *Auf einen Kaffee mit dir selbst*-Skript durchzugehen. Es entwickelt sich weiter, ganz wie es soll. Mein Skript ist inzwischen so lang, dass ich ganze 20 Minuten brauche, um es durchzugehen, je nachdem, wie theatralisch ich dabei werden will (mehr dazu später). Aber die Zeit ist mir egal. Ich liebe jede Minute davon. Es pusht mich regelrecht hoch.

Es gibt aber auch Tage, an denen ich nur teilweise durchkomme, während ich meinen Kaffee trinke, und dann nehme ich das Skript später einfach wieder auf. An anderen Tagen sitze ich mit dem ganzen Ding da, sauge alles in mich auf und schwelge darin mit *zwei* Tassen Kaffee. Wichtig ist allein, dass ich es tue. Jedes Mal. Jeden. Verdammten. Tag.

In diesem Buch schauen wir uns später noch weitere Möglichkeiten an, wie du dein *Auf einen Kaffee mit dir selbst*-Ritual verbessern kannst, um dich auf ein wahnsinnig cooles Niveau zu katapultieren. Der erste einfache Schritt besteht jedenfalls darin, 15 einfache und kraftvolle Skript-Zeilen zu schreiben.

Motz es so richtig auf! Ein fortgeschrittenes Skript zur Verbesserung deines *Auf einen Kaffee mit dir selbst*-Rituals

Das auf den Seiten 68 und 69 vorgestellte Grundskript ist ein guter Einstieg. Nimm es und verwende alle dort vorgegebenen Worte, oder nimm Änderungen vor, die dir zusagen. Ich neige dazu, die Worte »wunderbar« und »unglaublich« für mein eigenes *Auf einen Kaffee mit dir selbst*-Ritual zu verwenden, und mein Schwiegervater benutzt oft das Wort »erstaunlich«. Wähle etwas aus, das zu dir passt. Du kannst dein Skript auch länger oder kürzer halten – schreibe es so umfangreich, wie du willst. Es kann sogar aus nur einem Satz bestehen, den du immer wieder wiederholst. Ein konzentriertes Mantra, klein und doch mächtig – etwa wie *Auf einen Espresso mit dir selbst*!

Wenn du erst einmal angefangen hast, macht es Spaß, und die sich auftuenden Chancen werden dich so begeistern, dass du direkt über neue Möglichkeiten nachdenken wirst, wie du kraftvoll, liebevoll und positiv über dich selbst sprechen kannst. Dann fängst du an, ganz natürlich in dieser neuen Form der Sprache zu denken und zu sprechen. Entfessele deine motivierendsten Worte, Gedanken und Träume. Sei nicht schüchtern – jetzt ist deine Zeit zu glänzen!

Hier ist die verschärfte Version, die mit kraftvollen Begriffen gespickt ist:

Ich bin unglaublich, weil ich freundlich, schön und großzügig bin.

Ich liebe den heutigen Tag, weil ich für meinen Tag verantwortlich bin. Ich gestalte ihn so, wie ich will! Ich bin mächtig.

Ich fühle mich gerade jetzt, in diesem Moment, sehr gut, weil ich mich um mich kümmere. Ich verdiene diese Zeit, um mich auf meinen Tag vorzubereiten und ihn zum besten Tag aller Zeiten zu machen.

Ich liebe das Leben. Ich liebe mein Leben. Ich liebe mich! Das Leben ist voller Möglichkeiten, wohin ich mich auch wende. Ich werde sie ergreifen!

Ich habe heute einen fantastischen Tag! Ich lächle strahlend und freue mich über alles, was heute passiert, Stunde für Stunde.

Ich lasse in diesem Augenblick alle Angst von mir abfallen. Ich übernehme die Verantwortung für meinen Erfolg, jetzt und für den Rest meines Lebens.

Ich segne gerade alles in meinem Leben. Meine Couch, meinen Stuhl, mein Bett, meine Familie, meine Freunde, mein ganzes Leben.

Ich LIEBE es, mich so großartig zu fühlen! Yesssssssss!!!

Das Gestern ist Vergangenheit, und ich hänge nicht daran. Ich lerne daraus und schaue nach vorne.

Ich bin bereit, mich heute zu lieben – im Hier und Jetzt. Das schafft einen großartigen Moment für mich und richtet meine Zukunft auf mehr Erfolg aus.

Überall um mich herum öffnen sich Türen mit sensationellen Möglichkeiten. Ich bin begeistert von ihnen.

Ich liebe die Macht, die ich in meinem Leben habe, mich so unglaublich gut zu fühlen, einfach durch die von mir gesprochenen Worten. Ich bin unglaublich.

Ich kann etwas erreichen, weil ich fähig, kreativ und würdig bin. Ich entscheide mich für mich und ich ehre, wer ich bin.

Mein Leben wird von Tag zu Tag unglaublicher. Das Leben unterstützt mich in jeder Hinsicht. Ich bejahe mich selbst. Ich lasse begrenzte Denkweisen und Glaubenssätze hinter mir.

Heute ist alles wunderbar. Ich bin voller Ehrfurcht vor meinem glänzenden Leben, meinem Lernen und meinem Wachsen.

Ich habe jede Menge Zeit für das, was ich heute tun möchte.

Ich fühle mich großartig, weil ich ganz, gesund, schön und voller Vitalität bin.

Heute ist ein unglaublicher Tag und ich bin gerade dabei, kraftvolle, sprudelnde Gefühle anzuzapfen. Ich fühle es!

Das macht Spaß und ich liebe es, so verspielt zu sein. Ich bin leicht und lebendig.

Um mich herum sind überall Liebe und Licht. Ich bin mitfühlend, freundlich und liebevoll zu mir selbst und anderen.

Es gibt nichts, was ich nicht tun kann. Ich habe ein glückliches Herz und einen kreativen Geist. Meine Gedanken sind positiv und meine Gefühle sind erhaben. Das macht mein Leben so wunderbar.

Ich bin genial und lerne gern.

Es gibt niemanden auf der Welt, der so ist wie ich. Ich bin eine sexy Knallerfrau beziehungsweise ein sexy Knallermann!

Ich lebe ein völlig neues Leben, das ich selbst kreativ gestaltet habe. Ich bin voller Optimismus und voller Leidenschaft für mein Schicksal.

Profi-Tipp Nummer 1: Verwende das Wort »weil« für mehr Erfolg

Beispiel: »Ich habe kein Problem damit, jeden Tag ins Fitnessstudio zu gehen, weil ich weiß, wie gut ich mich durch Sport fühle.«

Die Verwendung des Wortes »weil« ist ein kluger Weg, um deine Selbstgespräche zu verbessern; wissenschaftliche Studien bestätigen seine Wirkung. Wenn du das Wort »weil« verwendest (oder hörst), bist du eher bereit, dem nachzukommen, was gesagt oder von dir verlangt wird. Die Worte, die nach »weil« folgen, liefern schließlich den Grund für die Handlung. Es rechtfertigt die Motivation für die Handlung, weil es auf eine starke Beziehung zwischen Ursache und Wirkung hinweist.

Infolgedessen wird dein Gehirn aufmerksam, wenn du das Wort »weil« verwendest, und es misst den Selbstgesprächen mehr Bedeutung bei. Wenn du mit deinen Selbstgesprächen Ergebnisse und Bedeutung verbindest, bist du selbst eher davon überzeugt, dass sie dir helfen werden, deine gesetzten Ziele zu erreichen. Richte dich also auf den Erfolg ein, und streue das Wort »weil« in dein Skript ein, weil es dir wirklich helfen wird.

Profi-Tipp Nummer 2: Freude mit Details wecken

Werde kreativ und spiele mit den Worten, die du verwendest. Du könntest und solltest dich im Laufe der Zeit ändern, denn dein *Auf einen Kaffee mit dir selbst* entwickelt sich weiter. Wenn ich meine Selbstgespräche aufschreibe, schreibe ich zunächst, was mir in den Sinn kommt. Dann überarbeite ich jede Aussage, bis sie mir Freude bereitet. Ich gehe dabei wie Marie Kondo, die Autorin von *The Life-Changing Art of Tidying Up* (auf Deutsch erschienen unter dem Titel *Magic Cleaning: Wie richtiges Aufräumen dein Leben verändert*), vor. Sie fragt bei Besitztümern: Erweckt der Gegenstand (Kommode, Bluse, Vase und so weiter) Freude? Wenn nicht, solltest du ihn loswerden. Oder, im Fall des Schreibens von Selbstgesprächen: Reduziere diese, bis alles, was übrig bleibt, Freude in dir auslöst.

Ich wollte zum Beispiel eine Formulierung über das Altern – und zwar *rückwärts Altern*. Ich habe mit Begriffen wie »Anti-Aging«, »Rückwärts-Aging« und so weiter gespielt, aber mir wurde schnell klar, dass ich das Wort »Altern« in keiner Weise verwenden wollte. Es ist für mich nicht erfreulich, auch nicht mit »Anti« davor. Es klingt zu dröge und therapeutisch. Also schrieb ich es auf verschiedene Arten weiter, um zu sehen, wie die unterschiedlichen Sätze bei mir ankamen. Die Entwicklung verlief folgendermaßen: »Ich altere rückwärts.« – »Ich bin Anti-Aging.« – »Meine Anti-Aging-Gene entfalten sich gerade.« – »Ich sehe jung aus und fühle mich jung.« Hmm … da kamen wir der Sache schon sehr nahe.

»Ich bin jung und schön.« Das war's! Die Freude war entfacht. *Dingdong!* Ich habe einen Satz gefunden, den ich liebe und der dieses besondere Gefühl in mir auslöst. Es fühlte sich *richtig* an.

Aber dann bin ich tiefer in die Materie eingestiegen. Ich schrieb mehr Details auf. Denn je mehr Details ich meinem Gehirn gab, desto leichter konnte es meinen Anweisungen folgen. Unser Gehirn liebt Worte, die geistige Bilder hervorrufen, und wenn wir unserem Verstand klare Bilder präsentieren können, fällt es unserem Gehirn und unserem Körper leichter, die Anweisungen umzusetzen. Also schrieb ich auch: *»Mein Körper produziert großartiges Kollagen und meine Haut strahlt, ist jugendlich und leuchtet.«*

Beide Sätze haben mir gut gefallen und ich habe sie beibehalten. Ich habe geschrieben:

> *Mein Körper produziert großartiges Kollagen und meine Haut strahlt, ist jugendlich und leuchtet.*

Wie du siehst, wollte ich die Idee des Anti-Aging bei meinem *Auf einen Kaffee mit dir selbst* dabeihaben, und indem ich sie umschrieb, bis sie eine tiefe Resonanz in mir hervorrief, schuf ich eine kraftvollere Affirmation. Unser Gehirn liebt Klarheit. Wenn sich also dein *Auf einen Kaffee mit dir selbst* weiterentwickelt, scheue dich nicht, kraftvolle Worte und beschreibende Details zu verwenden, um ein klares Bild von dem zu schaffen, was du willst.

Hier ein weiteres Beispiel. Ich begann mit:

> *Mein Leben ist voller Fülle.*

Das ist gut, einfach und positiv. Aber irgendwie vage, also ging ich tiefer. Ich begann, mir auszumalen, was »Fülle« für mich bedeutet. Aus diesem einen Satz entstand mein Skript für Fülle:

> *Ich habe alle Zeit der Welt, um zu tun, was ich will. Ich bin unglaublich gesund und munter. Ich strotze vor Vitalität und Energie und springe jeden Morgen aus dem Bett. Ich besitze Reichtum im Überfluss und überall um mich herum ergeben sich Möglichkeiten, Unmengen von Geld zu verdienen.*

Wie du sehen kannst, habe ich die Idee des einfachen Überflusses erweitert und mit Details versehen, indem ich mein *Auf einen Kaffee mit dir selbst* einfach auf den Punkt gebracht habe. Man muss dabei nicht superblumig werden, es sei denn, es liegt dir und ist für dich vorteilhaft! Ich beginne gerne mit einfachen und simplen Sätzen und steigere dann die beschreibenden Worte, ohne das Thema aus den Augen zu verlieren, um alles wirklich auf den Punkt zu bringen.

Übrigens kann das ganz schön lustig werden! Denn sobald du anfängst, deine Selbstgespräche aufzuschreiben oder darüber nachzudenken, kann es dir passieren, dass es dich richtig überwältigt – weil es so viele großartige Dinge zu sagen, zu verbessern oder zu ändern gibt. Du wirst feststellen, dass sich die Schleusen öffnen, wenn du dir alle möglichen inspirierenden, großartigen Dinge vorstellst, die du sagen, denken und fühlen könntest. Es gab eine Zeit, da brauchte ich über 30 Minuten, um mein tägliches *Auf einen Kaffee mit dir selbst*-Skript durchzugehen, weil ich so unglaublich viel abzudecken hatte! (Ganz am Anfang dauerte mein tägliches allgemeines Skript nur fünf Minuten und ich habe es nach und nach erweitert. Derzeit brauche ich etwa 20 Minuten, oder fünf bis zehn Minuten, wenn ich in Eile bin. Skripte zu bestimmten Themen, wie beispielsweise zum Schreiben, dauern nur etwa fünf Minuten.)

Am wichtigsten ist, dass du dir das Leben vorstellst, das du dir wünschst. Dann schreibst du deine Selbstgespräche so auf, dass sie exakt diese Gedanken widerspiegeln, und zwar in der Gegenwart, so als würden sie bereits stattfinden. Wenn sich die Schleusen öffnen, mach dir bloß keine Sorgen, halte einfach so viel wie möglich schriftlich fest (oder diktiere es), denn dein Skript kannst du später immer noch reduzieren. Wenn deine Muse wütet, lass ihr freie Bahn!

Ergänze dein Skript mit der Zeit immer dann, wenn du dich inspiriert fühlst. Du bleibst an einer bestimmten Formulierung hängen, der du dich besonders nah fühlst? Dann wiederhole genau diese Formulierung und sage sie wie ein glitzerndes Mantra immer wieder auf. Das wirkt dann fast wie eine Trance und kommt dir sicher im Laufe des Tages immer wieder in den Sinn, wie ein kleiner Fluss des Glücks und des Vertrauens.

Beim Musikhören entdecke ich manchmal eine Formulierung, die sich hervorragend für *Auf einen Kaffee mit dir selbst* eignet, also füge ich sie ein!

Was auch immer deine Inspirationsquelle ist, sei kreativ und habe Spaß daran, all die Möglichkeiten zu finden, dir selbst liebevolle und inspirierende Dinge zu sagen.

KAPITEL 6

WIE GESTALTE ICH MEIN *AUF EINEN KAFFEE MIT DIR SELBST*-RITUAL?

Aus dem vorherigen Kapitel weißt du, wie du *Auf einen Kaffee mit dir selbst* schreibst. Das ist der erste Teil des Prozesses. Jetzt ist es an der Zeit zu lernen, wie man die Selbstgespräche tatsächlich führt.

Der SCHLÜSSEL zum erfolgreichen *Auf einen Kaffee mit dir selbst*: Gefühle und Gedanken in Einklang bringen

Eine Komponente, deine Selbstgespräche erfolgreich zu gestalten, besteht darin, die Gefühle, die die Worte begleiten und die du sagst, zu verstärken. Diese Verstärkung ist entscheidend, weshalb wir jetzt gemeinsam das Konzept unter die Lupe nehmen.

Die Worte, die du bei deinen Selbstgesprächen sagst (oder denkst), haben eine *Macht, die im Verhältnis zu dem Grad der erhöhten Emotion steht,* die du empfindest, wenn du sie sagst oder denkst.

Lass es mich anders ausdrücken …

Die Worte, die du sagst, sind genauso wichtig wie deine Gefühle und deine Gefühle sind genauso wichtig wie die Worte, die du sagst. Wenn Worte Erdnussbutter sind, dann sind Gefühle Gelee. Wenn Worte Erbsen sind, dann sind Gefühle Karotten. Wenn Worte Humphrey Bogart sind, dann sind Gefühle Lauren Bacall. Es braucht zwei beim Tango. Es handelt sich um eine Ehegemeinschaft. Und wir wollen beide!

Für euch Mathematiker*innen da draußen:

positive Worte (deine Gedanken) +
erhöhte Emotionen (deine Gefühle)
= epische Erfahrung

Was bedeutet das eigentlich?

Stell es dir so vor: Du kannst den Satz »Ich bin großartig« sagen. Aber wenn du dabei nicht eine gesteigerte Emotion wie Liebe, Freude oder Dankbarkeit *empfindest*, dann ist der Satz längst nicht so bedeutungs- oder kraftvoll. Die verschiedenen Teile deines Gehirns sind nicht kohärent, sie befinden sich nicht im Einklang – dadurch kannst du dich nicht so schnell umprogrammieren oder deine Manifestationen mit der gleichen Kraft oder Geschwindigkeit anziehen.

Selbstgespräche, die mit geringen oder neutralen Emotionen geführt werden, erhalten die Note 2-. Das ist nicht ganz schlecht. Irgendwie in Ordnung … Worte allein sind sicherlich besser als gar nichts, aber sie kommen bei Weitem nicht an das Niveau einer 1+ heran, das sich ergibt, wenn man die entsprechenden erhöhten Gefühle spürt. Du punktest erst so richtig und deine Ergebnisse treten deutlich schneller ein, wenn du deine Emotionen mit den gesprochenen Worten in Einklang bringst.

Hinweis: Für einige Menschen funktionieren am Anfang nur die Worte. Die Gefühle fühlen sich zu fremd oder unrealistisch an. Sollte das der Fall sein, ist das kein Problem: Fang einfach mit den Worten an! Wiederhole deine großartigen Selbstgespräche immer wieder, auch wenn du sie noch nicht fühlst – noch nicht. Denn mit der Zeit wirst du es dann spüren. Versprochen.

Sobald du dein *Auf einen Kaffee mit dir selbst*-Ritual in Begleitung einer erhöhten Emotion wie Liebe sprichst, fühlst du dich großartig und du erzeugst eine besondere Art von Energie. Du fühlst dich grenzenlos. Du fühlst dich kraftvoll und zuversichtlich. Du fühlst Ehrfurcht. Du fühlst Dankbarkeit. Diese Gefühle nennt man »Hochfrequenzenergie«, und sie ziehen Dinge mit derselben Frequenz an – nämlich all die großartigen Dinge, die du dir für dein Leben vorstellst. Wenn du dein *Auf einen Kaffee mit dir selbst*-Skript sprichst (oder liest) und gleichzeitig erhöhte Gefühle empfindest, kann dein Gehirn das Leben in dieser Realität besser simulieren.

Mit anderen Worten: Du gibst nicht nur ein Lippenbekenntnis zu *Auf einen Kaffee mit dir selbst* ab. Natürlich kannst du das Skript auch einfach immer wieder wiederholen – ohne Emotionen – und du wirst dann einige Veränderungen sehen und dich schließlich besser fühlen. Das ist eine natürliche Folge von Selbstgesprächen – dein Gehirn fängt langsam an, sich neu zu verdrahten. Aber wenn du bei jeder Aussage einen Moment innehältst und fühlst, was du sagst, in deinem Herzen und in deinem Bauch, als ob du es wirklich meinst, werden die neuronalen Verbindungen Hulk-ähnliche Ausmaße annehmen und du wirst wesentlich schneller Erfolg haben.

Nochmals – denn es lohnt sich, dies immer wieder zu wiederholen: *Es spielt keine Rolle, dass die Behauptung noch nicht wahr ist.* Das Gehirn kennt den Unterschied nicht. Es verdrahtet sich einfach neu, und diese Drähte werden dicker und stärker, wenn Emotionen im Spiel sind. Durch Emotionen weiß das Gehirn: »Das ist wichtig; dem sollte ich Aufmerksamkeit schenken!« Genauso verhält es sich mit der Codierung von Erinnerungen. Je stärker die Emotion, desto stärker die Erinnerung.

Hier mal ein Beispiel. Lies zunächst den folgenden Satz wie ein Roboter, ohne jede Emotion:

> Ich habe heute den tollsten Tag.

Schließ jetzt die Augen und stell dir vor, wie es sich anfühlen würde, den schönsten Tag deines Lebens zu erleben. Spüre es wirklich, bis in die Zehenspitzen. Wenn nötig, nimm dir ein paar Augenblicke Zeit, um dich in diese Stimmung zu versetzen. Und dann, während du dir immer noch dieses Level an Großartigkeit vorstellst, sag mit 100-prozentigem Gefühl:

Ich habe heute den tollsten Tag!

Spürst du den Unterschied?

Natürlich tust du das! Das sind deine Gefühle, die ihre Arbeit leisten! Das ist Kohärenz, das ist Einklang! Und stell dir nur vor: Du hast deinen Gefühlen gesagt, was sie tun sollen, und sie haben deinem Befehl gehorcht! Das Sagen hast du. Und zwar immer. Du musst nur die Macht nutzen, die du bereits über diesen Teil deines Verstandes hast.

Beschwöre jetzt ein ähnlich starkes Gefühl herauf und sage laut und mit Leidenschaft in der Stimme:

Ich lebe ein unglaubliches Leben mit tollen Möglichkeiten. Alles, was ich tue, ist ein voller Erfolg. Bei mir folgt Erfolg auf Erfolg.

Das würde sich doch wirklich toll anfühlen, stimmt's?

Lass mich das noch etwas weiter ausführen. Wie fühlt sich Ehrfurcht für dich an? Wie fühlt es sich an, sich grenzenlos zu fühlen? Lass dich auf dieses Gefühl ein! Wenn du dir immer noch nicht sicher bist, überlege, was nötig wäre, um Ehrfurcht zu empfinden. Vielleicht ist es die Geburt eines Babys oder der Sonnenuntergang auf dem Gipfel eines Berges. Oder biolumineszierende Wellen zu sehen, oder das Polarlicht. Erfüllen dich diese Dinge mit Ehrfurcht? Wenn ja, dann kennst du dieses Gefühl. Sieh dir das Bild vor deinem geistigen Auge an, während du mit den einzelnen Aussagen des Selbstgesprächs voranschreitest.

Dein Ziel ist es, ein erhöhtes Gefühl zu empfinden, während du dein *Auf einen Kaffee mit dir selbst* durchsprichst. Es gibt viele erhabene Emotionen, aus denen du wählen kannst:

- Aufregung
- Dankbarkeit
- Ehrfurcht
- Freude
- Fülle
- Glück
- Glückseligkeit
- Grenzenlosigkeit
- Großzügigkeit
- Inspiration
- Liebe
- Mut
- Zuversicht

Die Liste lässt sich endlos fortsetzen.

Wenn du eines dieser Gefühle erlebst, fühlst du dich erhaben und bist in einem erhöhten Gemütszustand. Du kannst jedes dieser Gefühle beim Lesen deines *Auf einen Kaffee mit dir selbst*-Skripts abrufen. Es ist nicht notwendig, sie alle durchzugehen. Jede dieser erhöhten Emotionen kann deinen Gefühlszustand anheben und dein Gehirn mit Hulk-Drähten ausstatten, sodass du dich großartig fühlst.

Ein weiteres Beispiel:

Ich bin jetzt heil und gesund. Ich fühle mich ganz!

Wie würde es sich anfühlen, ganz und lebendig zu sein? Stell es dir vor – tauche ein – und greif danach! Würdest du dich energiegeladen fühlen? Würdest du dich beschwingt fühlen? Würdest du dich stark fühlen? Würdest du dich geschmeidig wie das Fell eines Leoparden anfühlen? Verbinde diese Gefühle mit deiner Aussage in deinem *Auf einen Kaffee mit dir selbst*. Zack! Deine Gedanken und deine Gefühle erschaffen dein neues Ich.

Hier ein Hack, der Gefühle und Emotionen hinter den Worten verstärkt: Wähle effektive Worte. Powerwörter. Bestimmte Wörter sind Schlüsselwörter oder Auslöser. Wenn sie mit Bedacht gewählt werden, verwandeln sie »Äh, was auch immer« in »Wow, das ist es!« Auch hier gilt, dass die Emotionen, die du empfindest, alles viel schneller geschehen lassen. Fühle also, damit es real wird.

Hier sind einige Wörter, die erhöhte Emotionen auslösen. Wähle diejenigen aus, die dich ansprechen. Lass sie dann in dein *Auf einen Kaffee mit dir selbst*-Skript einfließen.

- aktiv
- aufgeweckt
- ausgeglichen
- beschwingt
- blühend
- direkt
- echt
- eifrig
- einfach ekstatisch
- energisch
- entspannt
- erhaben
- ermächtigt
- erstaunlich
- erste
- fähig
- fokussiert
- freigiebig
- frei
- fröhlich
- funkelnd
- garantiert
- begeistert
- geehrt
- gesegnet
- gewaltig
- glänzend
- glücklich
- glückselig
- hilfsbereit

- in sich ruhend
- inspiriert
- klar
- klug
- kreativ
- lächelnd
- lachend
- lebendig
- leicht
- leuchtend
- natürlich
- offen
- ruhig
- selbstbewusst
- sensationell
- sonnig
- spielerisch
- spontan
- strahlend
- temperamentvoll
- toll
- überlegt
- unglaublich
- selbstbewusst
- vital
- witzig

Du willst also mitspielen? Dann steigere deine Energie mit erhöhten Gefühlen, um dein *Auf einen Kaffee mit dir selbst*-Ritual aufzuladen und deine Träume schneller zu manifestieren. Und je länger am Tag du diese erhöhten Emotionen und Gefühle erlebst, desto mehr Möglichkeiten für Gesundheit, Wohlbefinden, Erfolg, Liebe und Reichtum ziehst du zu dir. Zeit also, die Stärke und Macht in dir selbst anzuerkennen!

KAPITEL 7

KRISTENS *AUF EINEN KAFFEE MIT DIR SELBST*

Bevor es weitergeht, möchte ich dir mein persönliches *Auf einen Kaffee mit dir selbst*-Ritual vorstellen, damit du eine Vorstellung davon bekommst, wie weit ich es treibe.

Wie schon gesagt, brauche ich 20 Minuten, um das Ganze durchzugehen (fünf bis zehn Minuten, wenn ich in Eile bin). Ich spreche die Affirmationen, verarbeite sie mit erhöhten Emotionen und Gefühlen, lasse jede einzelne davon tief einsinken, in mir nachklingen und wie Sonnenstrahlen nach außen strahlen. Es ist ein schöner Prozess und ich leuchte dabei wie ein Weihnachtsbaum. Keine schlechte Art, den Tag zu beginnen, oder?

In diesem Buch setze ich keine Bilder oder Emojis ein (aber ich verwende sie sehr oft, worauf ich im nächsten Kapitel eingehen werde). Hier siehst du die Wörter, die ich verwende. Du wirst feststellen, dass viele Wiederholungen dabei sind. Das ist Absicht, denn Wiederholungen sind eine wirksame Methode, um dein Gehirn dazu zu bringen, sich an etwas zu erinnern, und so weitere Verdrahtungen anzustoßen. Manchmal sage ich genau das Gleiche auf genau die gleiche Weise. Ein anderes Mal sage ich Dinge auf eine neue und andere Art und Weise.

Nur zur Wiederholung: Wiederholung ist mächtig. Nutze sie.

Also, ohne weitere Umschweife: Willkommen in meiner kleinen inneren Welt. Mach es dir bequem und genieße es.

Kristens *Auf einen Kaffee mit dir selbst*

Los geht's …

Ich segne alles in meinem Leben, genau hier und jetzt, mit Liebe und Wertschätzung. Mein Leben ist voller Wunder und Ehrfurcht, und ich bin mächtig. Ich wache jeden Tag mit dem Gefühl auf, dass Kraft und Glück durch meine Adern fließen und mich für einen unglaublichen Tag beflügeln.

Ich bin würdig, ich bin stark und ich glaube an meine Fähigkeiten, meine Träume zu verwirklichen.

Ich bin für immer dankbar für mein Leben. Ich bin dankbar für meine Familie, mein bequemes Bett, meine leckere Mahlzeit, meine Schuhe, meinen Überfluss an Geld, meinen wunderbaren Körper, meine gesunden Augen, meine starken Zähne, mein schönes Ich, mein Alles.

Ich liebe die Macht, die ich in meinem Leben spüre – das Leben zu gestalten, das ich will. Die Macht, mich jetzt gut zu fühlen, egal, was passiert, und ich halte den Schlüssel zur Verwirklichung von allem, was ich mir wünsche, in Händen.

Was genau heiße ich heute in meinem Leben willkommen?

Ich heiße Dankbarkeit willkommen. Ich begrüße das Lächeln und das mir selbst geltende Zwinkern im Spiegel. Ich begrüße Liebe und Gesundheit und Geld und Fülle. Ich bin dankbar für alles, was ich gestalte, denn ich bin es wert. Ich habe den gesündesten Körper aller Zeiten.

Wie ideal kann ich heute sein? Welche neuen Möglichkeiten kann ich erschließen und erforschen? Ich erkenne all meine Möglichkeiten.

Ich bin am richtigen Ort, zur richtigen Zeit und tue das Richtige. Alles funkelt, glitzert und ist wunderbar in meiner Welt.

Ich bin meine eigene Heldin. Es gibt niemanden auf der Welt, der so ist wie ich. Ich bin ich und ich liebe mich. Ich lerne und wachse ständig. Ich liebe es, wie ich denke und fühle. Ich liebe die Macht, die ich habe, das Leben zu gestalten, das ich will.

Ich bin voller Energie und Begeisterung für das Leben! Ich bin aufgeregt! YEAAAAH, BABY!

Ich bin eine geborene Anführerin und Lehrerin. Ich denke ganz anders. Ich treffe andere Entscheidungen.

Ich habe den Fluss der Veränderung überquert. Es gibt keinen Weg zurück, denn ich bin eine neue Kristen. Flieg, wunderschöner Schmetterling, flieg!

Ich beende einen negativen Gedanken, eine negative Aussage oder eine negative Äußerung nicht, sondern drehe sie sofort mit aufbauender Energie um, und das fühlt sich jedes Mal, wenn ich das tue, gut an.

Mein Leben ist voller Wunder, Ehrfurcht, und ich bin mächtig.

Ich bin ruhig, denn ich bin zuversichtlich und selbstbewusst. Ich bin all meiner Herzenswünsche würdig. Mein Körper ist ganz und gesund, in jeder Zelle vom Kopf bis zu den Zehen – innen und außen. Ich bin jung und schön. Mein Körper produziert großartiges Kollagen und meine Haut strahlt, ist jugendlich und leuchtet.

Der beste Weg, meine fantastische Zukunft vorherzusagen, ist, sie aus dem Unbekannten heraus zu gestalten. Mit offenen Händen. Jetzt starte ich durch!

Weil ich mich bereits in einem Zustand der Wertschätzung, der Begeisterung, der Ganzheit, der Dankbarkeit, der Freude, der Liebe, der Ehrfurcht, der Großzügigkeit und der Ermächtigung befinde, habe ich das Gefühl, dass sich meine Wünsche bereits manifestiert haben. Das verbindet meine gegenwärtigen Gefühle mit denen, von denen ich weiß, dass sie in der Zukunft liegen, und mein Körper glaubt, dass sie bereits eingetreten sind. Diese Verbindung hilft mir, alles, was ich will, schneller zu manifestieren.

Was auch immer ich zu tun habe, wird ein Erfolg. Alles, was ich anfasse, ist ein Erfolg. Ich gehe von einem Erfolg zum nächsten und habe die ganze Zeit Spaß dabei. Ich verdiene das Beste und ich akzeptiere jetzt das Beste. Geld ist leicht zu bekommen!

Das Geld liebt mich! Geld liebt mich! Geld liebt mich!

Ich bin eine ausgezeichnete Verwalterin von Geld und ich liebe es, den Reichtum zu genießen und mit anderen zu teilen.

Ich fühle mich gesund, stark, vital und lebendig.

ICH BIN Liebe. Dankbarkeit. Freude. Ehrfurcht. Aufregung. Großzügigkeit. Ich fühle mich ermächtigt. Ich fühle Glückseligkeit.

Ich fühle mich grenzenlos. Ich bin eine Schöpferin.

Ich baue andere auf. Ich verteile an liebe Menschen wie auch an Fremde großzügig Komplimente. Ein einfaches Kompliment kann den Tag von jemandem zum Besseren wenden, besonders wenn es von einer Fremden kommt. Ich bringe Gutes in die Welt. Ich mache jeden Tag vier Menschen ein Kompliment. Zuerst mir selbst, dann jemandem aus meiner Familie, dann jemandem außerhalb meines engeren Kreises, den ich kenne, und dann noch einem Fremden.

Ich bin mitfühlend. Ich bin charismatisch. Ich liebe mein neues Leben.

Ich akzeptiere die Tatsache, dass der Reichtum mir gehört. Ich weiß, dass mein Gehirn Superkräfte hat und dass ich alles, was ich will, leicht lernen kann, auch Italienisch. Ich bin ein kreatives Genie und eine produktive Schriftstellerin. Ich nehme mein FANTASTISCHES, von Freiheit erfülltes Leben dankbar an und heiße es willkommen!

»Im Zentrum meines Wesens habe ich die Antwort; ich weiß, wer ich bin, und ich weiß, was ich will.« – Buddha (umgeschrieben in der ersten Person)

Meine gefühlsmäßig stark erhöhte Vorstellungskraft und meine zuversichtliche Erwartung spülen eine Lawine des Glücks über mich.

Ich habe einen unbegrenzten Vorrat an brillanten Ideen, Kreativität und funkelnden Fähigkeiten. Ich verfüge über mehrere Einkommensströme. Ich erhalte jetzt mein Geld aus bekannten und unbekannten Quellen! Ich bin fähig.

Mein dankbares Herz ist dem Reichtum und der schöpferischen Fülle des Universums stets nahe. Ich bin dankbar für mein schönes Leben.

Ich betrachte die Welt um mich herum und fühle helles, gesundes Licht und Energie – eine Welt voller Optimismus und Mitgefühl. Ich verbreite Freude.

Es gibt so viel Schönes um uns herum, heute und an jedem Morgen.

Überall, wo ich hinkomme, öffnen sich Türen für mich. Ich bin von Möglichkeiten umgeben, und ich nehme sie gerne an.

Ich bin würdig und offen, zu empfangen. Ich fühle mich gesund, stark, ganz und lebendig.

Ich bringe mein Unterbewusstsein dazu zu glauben, dass Gesundheit, Reichtum und Fülle mir gehören und immer in meinem Leben zirkulieren, weil ich sie dann immer haben werde, egal in welcher Form. Es gibt nichts, was ich nicht sein, tun oder haben kann. Ich bin Schwingung. Ich bin Elektrizität. Ich erschaffe meine Zukunft.

Reichtum, Gesundheit und Fülle sind mein. Sie zirkulieren immer um mich herum und in meinem Leben. Ich bin würdig. Wir alle sind es!

Ich kann alles erreichen. Ich hole es mir und ich bekomme es! Ich stehe ganz oben und ich hole es mir! Ich bin grenzenlos!

Ich habe eine überbordende Menge an Energie, sodass ich förmlich summe. Ich bin elektrisch. (Bssss, bssss!)

Ich besitze Klarheit und ich denke jeden Tag klar. Ich liebe mich selbst.

Ich bin würdig. Ich bin würdig. Ich bin würdig. Ich verdiene das Allerbeste im Leben. Ich bin ein Genie mit einer Fülle von kreativen Ideen.

Ich bin großartig. Ich bin liebenswert. Ich stehe zu mir.

Die Türen zwischen den Dimensionen öffnen sich für mich, sodass ich das Mystische erleben kann. In meinem Leben geschehen ständig Synchronizitäten.

Mein Körper steckt voller Vitalität und Kraft. Ich erfülle mich mit erhöhter Energie, Gesundheit und Liebe, und das zieht alles an, was ich in meinem Leben will. Ich fühle mich jugendlich und glücklich und stelle mir vor, wie sich meine Gene der Jugend ausdrücken. Ich liebe mein Selbst. Immer. Ich bin glücklich und in Frieden. Mein Körper weist Langlebigkeitsgene auf.

Ich fühle mich tief und täglich geliebt. Ich bin es wert, ausgezeichnet, geliebt und lebendig zu sein. Ich bin ganz. Ich habe eine Fülle an Zeit, Energie und Unterstützung.

Mein Körper fühlt sich jeden Tag jünger an. Ich fühle mich jeden Tag glücklich. Mein Immunsystem ist leistungsfähig und stark.

Meine Heilenergie überträgt sich auf andere.

In mir und überall um mich herum ist Macht.

Mein Geist und mein Gehirn sind sehr konzentriert, und mein Gedächtnis ist scharf.

Ich freue mich über den Wohlstand aller. Ich liebe das Glück der anderen. Und indem ich das tue, ziehe ich das Glück zu mir. Wir sind alle miteinander verbunden.

Was ich suche, sucht auch MICH. Ich bin ein starker Magnet, der alles anzieht, was mich mit meiner eigenen Wohlstandsschwingung und elektromagnetischen Frequenz beschenkt. Ich fühle, wie mich gerade eine Welle des Friedens umspült.

Ich habe Flügel. Ich fühle mich frei, leicht, ruhig, geduldig, ausgeruht und entspannt. Ich bin fit, stark, glücklich und voller Leben. Ich bin offen, um zu empfangen.

Ich glaube an mein Selbst.

Ob du es glaubst oder nicht, das ist noch nicht einmal mein ganzes tägliches *Auf einen Kaffee mit dir selbst.* Stell dir viele Emojis und aussagekräftige Bilder vor, die dazu passen (siehe Kapitel 8). Und die Versionen verändern sich, wenn ich Wörter abwandle und neue Zeilen hinzufüge, an die ich im Laufe des Tages denke.

Ich stelle auch fest, dass sich bestimmte Dinge dauerhaft in mein Gehirn eingebrannt haben, sodass ich sie nicht mehr im Skript festhalten muss. Sie sind verinnerlicht. Wiederholungen sind nicht mehr nötig. Das heißt auch, dass ich sie durch etwas Neues ersetzen kann.

Manchmal nehme ich auch Änderungen vor, um Abwechslung reinzubringen. Wiederholen sich die immer gleichen Dinge, kann das in allen Lebenslagen langweilig werden. Verändert man allerdings etwas, sei es, dass man mal ein Bild hinzufügt oder mal die Wörter umstellt, bleibt es frisch. Und wenn es frisch bleibt, schenkt das Gehirn ihm mehr Aufmerksamkeit.

Später in diesem Buch (in Teil II) stelle ich viele weitere *Auf einen Kaffee mit dir selbst*-Skripte vor, mit denen du durchstarten kannst oder die du als Inspiration für deine ganz eigenen Skripte verwenden kannst.

Doch bevor wir uns damit beschäftigen, möchte ich erst noch eine persönliche Geschichte erzählen, und dann stelle ich einige Techniken vor, mit denen du dein *Auf einen Kaffee mit dir selbst*-Skript auflädst, es auf die nächste Ebene hebst und in andere Bereiche deines Lebens einfließen lassen kannst.

Wie mein *Auf einen Kaffee mit dir selbst*-Ritual mich in eine Romanautorin für Liebesgeschichten verwandelt hat

Die Geschichte, wie mein *Auf einen Kaffee mit dir selbst* meinem Leben geholfen hat, möchte ich nämlich unbedingt teilen. Als ich mit dem Prozess begann, verbesserte sich mein Leben vom ersten Tag an. Ich war glücklicher, energiegeladener und beschwingter, und das Leben war einfacher und angenehmer. Ich wurde selbstbewusst, fühlte mich schön und war motiviert, die Dinge umzusetzen, die ich in meinen Skripten über Gesundheit und Wohlbefinden aufgeschrieben hatte.

Aber ich habe in meine Skripte noch etwas anderes hineingeschrieben. Etwas, von dem ich zu dem Zeitpunkt ehrlich gesagt nicht wusste, wie oder ob es überhaupt funktionieren würde. Aber Selbstgespräche hatten bei mir ja schon Wunder bewirkt, also dachte ich mir: »Was soll's?«, und probierte es aus. Was hatte ich schon zu verlieren?

Konkret habe ich mich hingesetzt und ein ganzes Skript darüber geschrieben, wie man Romanautorin wird. Sachbücher hatte ich schon etliche geschrieben, aber die Belletristik war für mich eine seltsame und geheimnisvolle Welt. Ich hatte in den letzten Jahren nicht wirklich viel gelesen. Meine Selbstgespräche rund um meine Fähigkeit, Geschichten zu schreiben, waren grauenhaft. Schließlich hatte ich mich nie als »Geschichtenerzählerin« gesehen. Ich hatte mir die Fähigkeit nie zugetraut. Andere wie etwa der Eigenbrötler in der Highschool, der immer einen Notizblock mit sich herumschleppte und Ideen aufschrieb, klar, die konnten das, aber ich doch nicht.

Am Anfang meiner Selbstgespräche war mir natürlich klar, dass meine Überzeugungen, schreiben zu können, erfunden waren! Frei erfunden. Woher kamen sie also? Wer weiß das schon? Und es ist auch egal. Offenbar war die Zeit reif, etwas zu ändern.

Also nahm ich nach und nach Zeilen über das Schriftstellerdasein in mein tägliches *Auf einen Kaffee mit dir selbst*-Skript auf. Indem ich sie zu einem Skript hinzufügte, das mir bereits gefiel und an das ich glaubte, konnte ich Zeilen über einen Bereich einfügen, von dem ich vorher dachte, dass ich talentfrei wäre. Ernsthaft, ich hatte null Plan, wo ich anfangen sollte.

Ich fügte Zeilen ein wie folgende:

> *Ich bin eine produktive Schriftstellerin. Ich bin ein kreatives Genie. Ich stecke voller Geschichten.*

> *Es fällt mir leicht, Romane zu schreiben.*

Das war's. Ich fügte mehrere solcher Zeilen hinzu und las sie jetzt jeden Morgen, Tag für Tag, während meines *Auf einen Kaffee mit dir selbst*-Rituals.

Und wer hätte es gedacht? Als wir während der Selbstquarantäne wegen Corona in Arizona festsaßen, kam mir eines Tages im Garten meiner Mutter die Idee für eine Geschichte. Scheinbar aus dem Nichts. Aus heiterem Himmel. Wow! Das hat mich umgehauen. Ich habe mich sogar umgeschaut, um zu sehen, woher mir die Idee in den Kopf gekommen ist. Denn das war irgendwie unfassbar. Ich? Mit einer Idee für eine Geschichte?

Aus dem Nichts. Aber war das wirklich so?

Frage: Was ist die Quelle aller Kreativität?

Die Antwort: Das Unterbewusstsein!

Natürlich wusste ich nicht, woher die Idee kam. Das ist buchstäblich das, was »unterbewusst« bedeutet.

Aber woher weiß das Unterbewusstsein, dass es Ideen für Geschichten generieren kann?

Antwort: Durch unsere Programmierung. In diesem Fall von meinen Selbstgesprächen. Nur so lässt sich erklären, warum es in den über 40 Jahren meines Lebens vor den Selbstgesprächen über das Schreiben von Romanen nicht ein einziges Mal passiert ist. Nicht eine einzige Idee für eine Geschichte während dieser Zeit. NICHT EINE EINZIGE.

Und als ich mir immer wieder gesagt hatte, dass ich viele Ideen für Geschichten habe, da kamen mir plötzlich Ideen für Geschichten – wie aus dem »Nichts«.

Ich war schockiert. Obwohl ich an die Macht der Selbstgespräche glaube, kamen mir die Geschwindigkeit meiner Veränderung und die Klarheit dieses Ereignisses – ganz ehrlich – zu schön, um wahr zu sein, vor. Es schien wie Magie.

Aber es sollte kein einmaliges Ereignis bleiben. Es passierte immer wieder. Und ich stürzte mich wie Alice im Wunderland mit meiner Geschichte in den Kaninchenbau hinab, und die Szenen begannen in meinen Kopf zu fließen!

Inzwischen passiert es so regelmäßig und ist deshalb vorhersehbar, sodass ich nicht mehr schockiert reagiere. Ich habe mich daran gewöhnt, dass die Ideen für eine Geschichte aus dem Äther auf mich niederprasseln. Wenn mir jetzt eine Idee für eine Geschichte oder eine Szene kommt, reagiere ich mit einem verstärkenden, aufbauenden Skriptelement: »Ja, du schaffst das, Mädel. Du rockst es so was von!«

Mein Selbstgespräch hat mir also ein Talent, eine Fähigkeit verliehen, von der ich vorher nicht einmal zu träumen gewagt hätte. Und obwohl ich heute niemals so sprechen würde (»Ich hätte nie gedacht, dass ich das kann« und so weiter), wiederhole ich sie hier, um die ganze Geschichte weiterzugeben, denn es ist wichtig, meine alte Denkweise zu verstehen.

Inzwischen sind sechs Monate vergangen. Und bis jetzt habe ich tatsächlich sechs Liebesromane unter dem Pseudonym Brisa Starr geschrieben. Das sind sechs Romane in einer Schreibphase von fünf Monaten. Das bedeutet, dass ich etwa 6000 Wörter pro Tag schreibe. Außerdem habe ich schon eine Liste mit Ideen für zukünftige Romane, die so lang ist wie mein Arm.

Woher kam also all diese Kreativität, plötzlich in meinen Vierzigern, nachdem ich vorher kein einziges Wort Belletristik geschrieben hatte?

Du kennst die Antwort schon. Die Kreativität stammt von meinen Selbstgesprächen.

Mein Durchbruch fühlte sich wie das Öffnen einer Schleuse an. Als ich begriff, dass die erste Geschichte wirklich meinem eigenen Gehirn entsprungen war, ging mir ein Licht auf: »Hey, es ist tatsächlich möglich.« Wie damals, als es dem Mittelstreckenläufer (und Neurologen) Roger Bannister 1954 gelang, eine englische Meile, also circa 1600 Meter, als Erster in unter vier Minuten zu laufen – ein Kunststück, das bis dahin jeder für unmöglich gehalten hatte. Und dann schlug jemand seinen Rekord nur 46 Tage später.

Mit anderen Worten: Sobald ich wusste, dass es möglich war, wusste ich, dass es möglich war.

Ein paar Nächte nach dieser ersten Story-Idee konnte ich nicht einschlafen. In meinem Kopf wirbelten Ideen für Geschichten nur so herum! Ich könnte heulen vor Glück, wenn ich daran denke – und teile die Geschichte genau deshalb mit dir: Ich hatte den Gedanken, dass ich etwas nicht kann, hinter mir gelassen und war dazu übergegangen, dieses Etwas tatsächlich zu tun!

Alles wegen meiner Selbstgespräche. Ich habe mein Gehirn neu verdrahtet und mir einfach gesagt: »Ich bin eine produktive Schriftstellerin. Ich bin ein kreatives Genie.« Immer und immer wieder. Und dann wurde es wahr.

Im Anschluss hatte ich einen Lauf. Ich habe ein komplettes Skript für das *Auf einen Kaffee mit dir selbst*-Ritual einer Schriftstellerin erstellt. Ich schrieb es in Regenbogenfarben auf eine große Karteikarte und nahm mich danach selbst auf, während ich es mit grooviger Hintergrundmusik vorlas. Ich habe es mir fast jeden Tag angehört. Und das tue ich heute noch, viele Monate später.

Mein *Auf einen Kaffee mit dir selbst*-Skript für Schriftstellerinnen

Ich bin eine produktive Schriftstellerin. Ich schreibe zehn Bücher pro Jahr.

Ich liebe mein Gehirn. Es ist stark, gesund und voller Energie. Ich bin widerstandsfähig.

Ich bin ein schönes und kreatives Genie. Ich stecke voller Geschichten.

Ich bin mutig.

Ich freue mich so, jeden Morgen aufzuwachen, um dann meine Romane zu schreiben. Ich liebe mein Leben, und das Leben liebt mich.

Ich bin konzentriert.

Ich lebe auf einer höheren Ebene des Geistes.

Mein Herz ist voller Freude und Aufregung. Mein Verstand ist voll von WUNDERN.

Ich bin von der Vision meiner Zukunft als Bestsellerautorin bestimmt. Worte und Szenen für Romane sprudeln nur so aus mir heraus.

Ich liebe mein Leben. Und ich liebe meine Geschichten. Es macht mir so viel Spaß, Romane zu schreiben. Das Schreiben von Romanen liegt mir im Blut.

Ich bin eine Bestsellerautorin.

Ich schreibe fünf- bis siebentausend Wörter pro Tag. Los geht's!

Ich bin eine glückliche sexy aussehende Millionärin. Ich bin eine unglaubliche Schriftstellerin.

Schreiben ist aufregend. Ich bin eine Geschichtenerzählerin. Romane zu schreiben fällt mir leicht und macht mir Spaß.

Mit meinem digitalen Diktiergerät diktiere ich einfach Bücher.

Ich segne meinen Laptop mit Liebe. Er bringt mir jeden Tag Geld. Ich liebe mich. Alles ist unglaublich gut.

Das ist das Originalskript, und während ich es hier für dich abtippe, lese ich es parallel auf der riesigen Karteikarte, die auf meinem Schreibtisch liegt.

Bald werde ich das Skript weiter präzisieren, denn ich habe ein neues Ziel: Ich möchte Fantasy-Romane schreiben. Zurzeit schreibe ich heiße Liebesromane, und ich liebe es, sie zu schreiben, aber ich habe beschlossen, dass ich mich auch anderen Genres zuwenden möchte.

Aber weißt du was?

Vergiss nie, dass ich das Folgende nicht wirklich zu mir selbst sage – aber das negative Programmieren hat versucht, sich einzuschleichen …

»Aber, Kristen, du weißt doch gar nichts über das Schreiben von Fantasy. Wie zur Hölle willst du diese epischen Welten und Charaktere und Handlungsstränge erschaffen? Mit Kriegen, Feen, Monstern und magischem Zeug?«

Haha! Ich lache über diese schwachen Gedanken, die es wagen, mir durch den Kopf zu schießen.

Natürlich kann ich Fantasy schreiben! Ich muss mich nur darauf vorbereiten, es zu tun. Ich weiß nicht, wann das Schreiben sich manifestieren wird, aber ich weiß, wie ich den Prozess anstoßen kann – mit meinem *Auf einen Kaffee mit dir selbst*-Skript. In das obige Skript für die Selbstgespräche einer Schriftstellerin füge ich also Zeilen ein wie:

Ich bin eine Fantasy-Bestsellerautorin.

Worte und Szenen für Fantasy-Romane strömen nur so aus mir heraus. Ich erschaffe epische, magische, atemberaubende Fantasy-Welten!

So einfach ist das.

KAPITEL 8

DAS TURBO-*AUF EINEN KAFFEE MIT DIR SELBST*- RITUAL

Jetzt, wo du mit den Grundlagen von *Auf einen Kaffee mit dir selbst* vertraut bist, geht es darum, wie weit du diesen Turbobooster in Zukunft in deinen eigenen Entwurf einbringen kannst. Es geht darum, die nächste Stufe zu erreichen, und welche Möglichkeiten uns zur Verfügung stehen, um das Erlebnis von *Auf einen Kaffee mit dir selbst* noch weiter zu verbessern.

Um ein Maximum an Glanz und Leuchtkraft zu erzielen, wende ich regelmäßig alle der hier aufgeführten Maßnahmen an.

1. Bilder verwenden

Unser Gehirn liebt Bilder.

Du kannst dein *Auf einen Kaffee mit dir selbst*-Ritual stärken, indem du Bilder zu deinen Selbstgesprächen hinzufügst. Dadurch werden weitere Teile deines Gehirns aktiviert, was dazu beiträgt, dass du die gesteigerten Emotionen *noch stärker* spürst.

Unser Gehirn liebt Bilder, weil sie einprägsamer sind als Worte. Deshalb betonen Gedächtnisexpert*innen, dass man sich Dinge leichter merken kann, wenn man mentale Bilder verwendet. Bilder sorgen dafür, dass du dich im Laufe des Tages leichter an deine Selbstgespräche erinnerst, da sie sich in dein Gedächtnis einbrennen. Du kannst dazu Bilder aus dem Internet, selbst aufgenommene Bilder oder sogar Skizzen oder Kritzeleien mit Bleistift auf Papier verwenden. Betrachte es als »*Auf einen Kaffee mit dir selbst* meets Pinterest« oder »*Auf einen Kaffee mit dir selbst* meets Vision Board«. Bilder beschleunigen den Prozess der Neuverdrahtung in deinem Gehirn.

Du kannst bei jeder Aussage Bilder verwenden, wenn du möchtest, oder nur gelegentlich, um sie besonders hervorzuheben. Die Bilder können sich direkt auf die Aussage beziehen, aber das ist nicht zwingend. Das Wichtigste ist, dass das Bild die erhöhten Gefühle auslöst, die du einfangen willst.

Für das Skript »*Ich habe heute den tollsten Tag!*« könntest du zum Beispiel ein Bild direkt nach dieser Affirmation einfügen. Nimm einfach ein beliebiges Foto aus dem Internet, das dir gefällt. Das kann ein Bild vom Meer, von den Bergen, von einem Tier oder von Kunst sein. Alles kommt infrage, was bei dir Ehrfurcht auslöst.

In meinem eigenen *Auf einen Kaffee mit dir selbst*-Skript gibt es viele inspirierende Bilder aus dem Internet. Beim Anschauen fühle ich, wie zusätzliche Energie durch meine Adern fließt. Die Bilder geben mir zusätzlich Energie und verstärken meine Gefühle. In dem Teil meines Skripts, in dem es um mein neues Ich geht, steht zum Beispiel:

> *Ich bin ein neuer Mensch. Ich schaue in meine Augen und sehe, was andere sehen. Ich habe meine alte Identität aufgegeben und lebe jetzt ein völlig neues, magisches Leben, das ich selbst entworfen habe. Mutig. Aufregend. Ehrfürchtig. Ich bin verliebt ins Leben.*
>
> *Geduldig. Freundlich. Ich schimmere golden.*

Dann folgt ein Bild von einem Phönix, der verbrennt, sich verwandelt und aus der Asche aufersteht.

Willst du dich gesund und ganz fühlen, dann füge ein Bild von etwas hinzu, das dich gesund und ganz fühlen lässt. Vielleicht nimmst du ein Bild von gesundem Essen. Oder von Menschen, die Sport treiben. Oder ein Foto vom Strandspaziergang mit einem Hund. Oder vielleicht lieber eine Illustration von bunten Chakra-Energiezentren. Wichtig ist, Bilder zu finden, die du liebst und die auch bei dir Emotionen auslösen. Um diese positiven Gefühle hervorzuzaubern und zu verstärken, fügst du diese Bilder überall in deinem *Auf einen Kaffee mit dir selbst* ein.

Das Anschauen der Bilder während deines Rituals fühlt sich an wie der Blick auf ein lebendiges, atmendes, kraftvolles Vision Board. Sobald du deinem Selbstgespräch Bilder und Akzente hinzufügst und es beim Anschauen der Bilder laut vorliest, vollzieht sich die Manifestation deiner Träume schneller. Du fühlst praktisch, wie es in Echtzeit geschieht.

Das ist stark!

2. Emojis

Emojis sind eine weitere lustige und schnelle Art, dein *Auf einen Kaffee mit dir selbst* zu verbessern. Meine Skriptseiten sind voll davon. Ich mag den Regenbogen, die Kristallkugel des Wahrsagers, Herzen in allen Farben, Lächeln, Sonne, Mond, Sterne, Bizeps, Tanz, Kaffee (Na, logo!), den Geldbeutel, das Flugzeug, den Strand/die Insel, den Schmetterling (wie bei der Verwandlung!) und mehr. Werde kreativ. Der Prozess ist lustig und sinnvoll zugleich. Die unbeschwerte Verspieltheit der Designs hat etwas, das dich auf einer subtilen emotionalen Ebene anspricht, und das ist es, was wir anstreben.

3. Schriftarten, Unterstreichungen, Kursivschrift und Fettstellung

Um bestimmte Sätze hervorzuheben, unterstreiche ich Wörter, stelle sie fett und/oder kursiv. Bestimmte Affirmationen richte ich mittig aus, andere rechtsbündig, und ich verändere die Abstände zwischen den Wörtern, um für optische Abwechslung zu sorgen. Die Notizen-App meines iPhones verwende ich, um auch meine eigenen kleinen Kritzeleien einzutragen. All dies macht deine Selbstgespräche emotionaler, aufmerksamkeitsstärker, und das Ganze macht einfach Spaß.

4. Optimiere dein *Auf einen Kaffee mit dir selbst*-Gesprächsumfeld

Die Umgebung kann dein *Auf einen Kaffee mit dir selbst*-Erlebnis beeinflussen oder sogar zerstören. Am besten wählst du deshalb einen Raum, der bequem und inspirierend ist und dir eine gute Körperhaltung ermöglicht. Nicht lümmeln! Untersuchungen haben ergeben, dass aufrechtes Sitzen und eine gute Körperhaltung die Energie steigern und Stress abbauen, wodurch du dich glücklicher fühlst. Solltest du allerdings besonders glücklich sein, wenn du dich in eine große, bequeme Couch kuschelst, dann solltest du genau das tun, was deine Glückseligkeit steigert.

Sieh dich in deiner Küche, an deinem Arbeitsplatz oder in deinem Wohnzimmer um und schaue dir an, was gut aussieht. Wenn dir kein Ort direkt ins Auge springt, nutze die Gelegenheit, einen Raum für diesen speziellen Zweck einzurichten. Ich führe mein *Auf einen Kaffee mit dir selbst*-Ritual normalerweise in einer Sitzecke in unserer Küche durch, manchmal auch auf der Couch im Wohnzimmer. Wenn ich meine Mutter in Arizona besuche, mache ich es morgens draußen unter dem immer hellen, blauen Himmel auf ihrer Terrasse (das ist einer meiner Lieblingsplätze für *Auf einen Kaffee mit dir selbst*).

Wenn du deine Umgebung bewusst gestaltest, kannst du sie so formen, dass sie deine Erfahrungen, Emotionen und Gefühle verstärkt. Das ist wichtig für deine *Auf einen Kaffee mit dir selbst*-Zeit, weil es den gesamten Prozess bewusster macht. Und das wiederum macht ihn kraftvoller und effektiver. Du willst den Raum, in dem du dich befindest, lieben, weil er deine Stimmung hebt und dich motiviert, jeden Tag an deiner Gewohnheit festzuhalten. Wenn du jedes Mal denselben Raum benutzt, löst das dann automatisch deinen optimalen Zustand aus, so wie es der Kaffee tut.

Falls du nicht jeden Tag denselben idealen Ort aufsuchen kannst, mach dir keine Gedanken darüber. Zieh dein Ritual einfach durch, wo immer du kannst.

Wenn du dir die Zeit für *Auf einen Kaffee mit dir selbst* nimmst, tragen etliche Faktoren zur Gesamtwirkung deiner Umgebung bei. Vielleicht weichen deine Vorlieben davon ab, aber ich fühle mich im Allgemeinen in einer Spa-ähnlichen Umgebung gestärkt und ermutigt. Nicht nur, weil ich Wellnessoasen per se mag (was ich tue), sondern weil Wellnessoasen durch jahrzehntelanges Erproben eine Umgebung geschaffen haben, in der sich Menschen entspannen und wohlfühlen. Deshalb hier ein paar Dinge, die du bei der Verbesserung deiner Umgebung berücksichtigen könntest:

Natürliches Sonnenlicht – besonders schön, da *Auf einen Kaffee mit dir selbst* ein morgendliches Ritual ist. Sonnenlicht hilft dir, wach zu werden, dich zu konzentrieren und in gute Stimmung zu kommen.

Natur jeglicher Art – eine Umgebung im Freien, frische Luft, eine Brise, Pflanzen.

Wasserelemente – es gibt nichts Besseres als das Geräusch eines plätschernden Baches, um deine inneren Kräfte anzuzapfen. Sogar ein Springbrunnen auf dem Schreibtisch wirkt Wunder für die Seele (und zwar den ganzen Tag lang, nicht nur während deines *Auf einen Kaffee mit dir selbst*). Laut dem Meeresbiologen Wallace J. Nichols, dem Autor von *Blue Mind*, bezeichnet der Begriff »Blue Mind« einen leicht meditativen Zustand, in den Menschen fallen, wenn sie sich in der Nähe von, im, auf oder unter Wasser befinden.

Angenehme Düfte – Kaffee (!), frisch gebackenes Brot, Blumen, Weihrauch, ätherische Öle – was immer du besonders magst.

Klänge – Wasser (wieder), Windspiele, Vögel, Musik (mehr dazu unten).

Freiheit von Ablenkungen – schalte den Fernseher aus, stelle dein Telefon in den Flugmodus, sag allen im Haus, dass sie dich in Ruhe lassen sollen.

5. Sag es laut

Manche Menschen entscheiden sich dafür, sich ihre Selbstgespräche im Stillen vorzulesen. Manchmal ist das auch die einzige Möglichkeit, zum Beispiel in einem überfüllten öffentlichen Raum. Aber wann immer es möglich ist, solltest du deine Selbstgespräche laut aussprechen!

Denn wenn du sie laut aussprichst, kannst du dich besser konzentrieren und deine Gedanken schweifen nicht so schnell ab. Außerdem kommen dabei drei Modalitäten zum Einsatz: Lesen (Augen), Sprechen (Mund) und Hören (Ohren). Das bedeutet, dass es in Bezug auf die Hirnaktivität etwa dreimal so stark wirkt wie das stille Lesen.

Beim stillen Lesen können die Gedanken oft abschweifen. Du denkst zum Beispiel an deine Aufgabenliste oder daran, wie du die Nacht zuvor geschlafen hast oder was es zum Abendessen geben soll. Indem du liest, sprichst und deine Selbstgespräche hörst, wird dein Fokus gestochen scharf. Dadurch kannst du dir die Worte leichter merken und sie sind auch aussagekräftiger. Wenn du die Worte sprichst, gelangen sie auch in dein Unterbewusstsein und werden so schneller wirksam, und du verbindest sie mit einer tieferen emotionalen Reaktion.

Wie schon öfter gesagt, ist es in Ordnung, wenn du den Worten, die aus deinem Mund kommen, noch keinen Glauben schenkst. *Du kannst den Glauben vortäuschen, bis du es schaffst* – fake it till you make it –, denn das funktioniert tatsächlich. Muhammad Ali war berühmt dafür, genau so vorzugehen. Er sagte einmal: »Um ein großer Champion zu sein, musst du glauben, dass du der Beste bist. Wenn du es nicht bist, tu so, als wärst du es.«

Selbst wenn du »nur« so tust als ob, befeuerst und verdrahtest du dein Hirn, weil es den Unterschied zwischen dem, was du dir vorstellst, und dem, was wirklich passiert, nicht kennt. Stell es dir wie ein »Proben für den Erfolg« vor. Und schon bald wirst du nicht mehr so tun als ob.

Vielleicht bist du skeptisch: Kennt dein Gehirn den Unterschied zwischen dem, was du sagst, und dem, was wahr ist, wirklich nicht? Ich verrate dir kein Geheimnis, wenn ich sage, dass ein Teil von dir den Unterschied natürlich kennt – der Teil von dir, der redet, logischerweise. Aber der Teil deines Gehirns, der neue neuronale Verbindungen knüpft, kennt den Unterschied eben nicht. Er verbindet nur die Neuronen. Deshalb können Menschen zum Beispiel nur durch ihre Gedanken ihren Blutdruck erhöhen und Cortisol ausschütten. Wenn du dir immer wieder sagst, dass du glücklich bist, und deinen Kopf mit Gedanken und Visionen von glücklichen Begegnungen füllst, wird dein Gehirn glauben, dass du glücklich bist.

Und falls du deine Selbstgespräche, warum auch immer, nicht laut aussprechen kannst, dann hat zumindest das stille Aussprechen der Worte mehr Wirkung als das bloße Lesen deiner *Auf einen Kaffee mit dir selbst*-Skripte. Nimm dafür auf jeden Fall eine gute Körperhaltung ein. Das funktioniert wirklich! Wenn du deine *Aufmerksamkeit* bündelst und die Worte *mit Bedacht* sprichst, wird dein Gehirn es merken. (Mach doch gleich ein kleines Experiment und probiere es aus. Dann siehst du garantiert, was ich meine!)

6. Füge *Auf einen Kaffee mit dir selbst* Energie hinzu

Eine noch größere Wirkung erzielst du, wenn du während deines *Auf einen Kaffee mit dir selbst* richtig in Fahrt kommst. Indem du die Worte wirklich betonst und zwischen den Aussagen jubelst und schreist – *HURRA!!!* –, verstärkst du deinen emotionalen Zustand.

Je mehr Action und Nachdruck du deinem Ritual gibst, desto besser und glaubwürdiger wird es für deinen Geist und Körper. Geh also in die Vollen! Erwecke deine innere Meryl Streep oder channele Robert De Niro. Lass es raus, Baby! Indem du dich wirklich darauf einlässt, graben sich diese beruhigenden Selbstgespräche tiefer – und noch dazu schneller – in dein Gehirn ein.

Dein Körper *wird* auf deine Worte reagieren. Und wenn du noch etwas Glitzer, Energie und Nachdruck hinzufügst, fällt die Reaktion umso stärker aus.

Noch besser: Steh zwischendurch ruhig auf und führe deine Selbstgespräche in einer Powerpose, wie Wonder Woman! Powerposen stärken erwiesenermaßen das Selbstvertrauen und bauen Stress ab, also nutze sie. Fühlst du dich dabei albern? Kein Problem, mach's trotzdem. Zieh es von mir aus ins Lächerliche, wenn du magst. Übertreib es hemmungslos. So kann das dann aussehen: Hände in die Hüften, Augen geradeaus und ein leichtes, wissendes Lächeln. (Du kennst das, dieses wissende Lächeln, das zeigt, dass du die Geheimnisse, die Macht und die Antworten besitzt!) *Ja! Startet megastark durch, Leute!*

7. Mach es wie beim Film und füge einen Soundtrack hinzu

Die nächste Stufe des *Auf einen Kaffee mit dir selbst*-Rituals erreichst du, wenn du deine aktuelle Kombi mit klasse Musik unterlegst. Sie kann, während du deine Selbstgespräche laut vorliest, im Hintergrund laufen, oder du mischst sie in Selbstgespräche, die du selbst aufnimmst (oder kaufst).

Wenn du dein *Auf einen Kaffee mit dir selbst* mit Musik unterlegst, werden die Gefühle, die du erzeugen möchtest, verstärkt und intensiviert. Musik kann starke emotionale Reaktionen hervorrufen und ist eine der besten und einfachsten Möglichkeiten, Stress abzubauen, Stimmung und Gemütszustand zu verändern. Man geht davon aus, dass angenehme Musik die Freisetzung des Neurotransmitters Dopamin auslösen kann, der als »Belohnungsneurotransmitter« bekannt ist. Indem du es mit angenehmer Musik kombinierst, kannst du dir also antrainieren, dein *Auf einen Kaffee mit dir selbst*-Ritual durchführen zu *wollen*, weil du jedes Mal Dopamin ausschüttest, wenn du die Musik hörst, und dein Gehirn beginnt, das Selbstgespräch mit dem Erhalt dieser Belohnung zu verbinden.

Wie schon gesagt, sind Gefühle beim Lesen deines *Auf einen Kaffee mit dir selbst*-Skripts wichtig, und du kannst deine Gefühlslage verbessern, indem du aufmunternde Musik hörst, während du es durchgehst. Es gibt einen guten Grund, warum Filme mit einem Soundtrack und Filmmusik ausgestattet werden. Diese steuern nämlich die Emotionen der Menschen, während sie Filme sehen. Stell dir einen deiner Lieblingsfilme oder einen actiongeladenen Sommerblockbuster vor und überlege dir, wie er wohl ohne Musik wäre! Das Erlebnis wäre längst nicht so bewegend und unvergesslich. Wenn du dein *Auf einen Kaffee mit dir selbst*-Ritual mit erhebender Musik untermalst, bringt dich das nicht nur auf die nächste Stufe, sondern macht außerdem Spaß!

Die Musik, die du spielst, wirkt sich auf dein Gehirn aus. Wissenschaftler*innen wissen noch nicht genau, warum das so ist, aber es sieht ganz so aus, als wäre Musik unter anderem deshalb so wirkungsvoll, weil sie mehrere Bereiche des Gehirns gleichzeitig anspricht, Verbindungen auslöst und Assoziationen schafft. Hörst du also beim Lesen (oder Singen!) deines *Auf einen Kaffee mit dir selbst* wiederholt dasselbe Lied, verankerst du die Musik mit den Worten. Wann immer du dann das Lied hörst, wird sich dein Kopf mit deinem kraftvollen *Auf einen Kaffee mit dir selbst*-Skript füllen. (Genauer gesagt, wird der mentale Zustand, der mit dem Selbstgespräch codiert ist, in dein Gehirn geladen.)

Geh deine Lieblingssongs durch und finde einen, der deinen Geist erhebt, deine Seele inspiriert und dich emotional so bewegt, dass du dich kraftvoll und energiegeladen fühlst. Stell ihn dann auf »Repeat« und hör ihn dir an, während du deinen *Auf einen Kaffee mit dir selbst*-Text liest. Nenn ihn deinen *Auf einen Kaffee mit dir selbst*-Song. Du kannst auch mehrere Lieder zusammenstellen und eine *Auf einen Kaffee mit dir selbst*-Playlist erstellen. Mir gefällt zwar die Vielfalt einer Playlist, aber ich persönlich finde die Wiederholung eines einzigen Liedes, immer und immer wieder, am wirkungsvollsten, weil es dieses eine Lied sehr stark im Kopf verankert. In ein paar Monaten, in einem Jahr oder wenn ich ein neues Kapitel in meinem Leben aufschlage, kann ich dann ja zu einem anderen Lied übergehen.

Profi-Tipp: Wähle einen Song *ohne Lyrics*, damit du dich beim Lesen deines *Auf einen Kaffee mit dir selbst* nicht auf die Worte des Liedtexts konzentrieren musst. Genau aus diesem Grund vermitteln bestimmte Filmmusiken für mich das perfekte epische, dramatische, filmische Gefühl für diesen Zweck.

Richtig spannend ist, was mit deinem Zeitgefühl passiert, wenn du die Kombination von Musik und *Auf einen Kaffee mit dir selbst* als starken emotionalen Stimulus nutzt. Ist dir schon mal aufgefallen, wie die Zeit vergeht, wenn du etwas hörst, was dir gefällt, oder wie die Zeit stillsteht, als würdest du für einen Moment in eine andere Realität versetzt und dann wieder in diese Realität zurückkehren, wenn die Musik endet? Oder wie Musik dich in eine zeitlose, fast hypnotische Trance versetzen kann?

Neurowissenschaftler*innen und Künstler*innen versetzen ihre Gehirne schon seit Jahrzehnten in sogenannte Alphawellen-Zustände (8 bis 12 Hertz), um Entspannung, Visualisierung, Kreativität und eine verbesserte Lernfähigkeit zu erreichen. Und genau dasselbe tun

Meditierende seit Tausenden von Jahren. Meine Intuition und meine persönliche Erfahrung sagen mir, dass etwas Mächtiges passiert, wenn ich in diese Art von verändertem Zustand eintrete und meine Selbstgespräche lese. Es fühlt sich sehr angenehm an und somit steigt die Wahrscheinlichkeit, dass ich mein Ritual jeden Tag durchziehe.

Vor Kurzem habe ich den Song »Liquid Flow« von Dreaming Cooper (gibt's auf YouTube) als Titelsong für mein tägliches *Auf einen Kaffee mit dir selbst* verankert. Er besitzt einen futuristischen, elektronischen Ambient-Sound, ohne echte Melodie. Es ist also eine Musik, die eine starke, unverwechselbare Stimmung erzeugt, aber nicht versucht, irgendeine Geschichte zu erzählen. Das ist genau das, was ich will. Sobald ich jetzt die Musik höre, bin ich darauf programmiert, all das zu denken und zu fühlen, was ich mir mit meinem *Auf einen Kaffee mit dir selbst* eingeimpft habe. Es ist großartig!

Und wie oft kommt dieses bestimmte Musikstück in meinem Tag vor?

Genau fünf Mal.

Warum fünf Mal? Das bringt mich zum nächsten Tipp – meine *Millionärinnen-Minute.*

8. Meine Millionärinnen-Minute

Ich habe eine wirksame Technik entwickelt, die ich meine *Millionärinnen-Minute* nenne. Ein Wecker auf meinem Handy spielt zu bestimmten Tageszeiten ein bestimmtes Musikstück ab und löst damit meinen *Happy Sexy Millionärin*-Zustand aus. Genauer: die Gedanken, Gefühle und die allgemeine Einstellung, die ich mit der Manifestation meines *Happy Sexy Millionärin*-Selbst verbunden habe.

Dieser Geisteszustand ist einfach unglaublich und ich lebe den ganzen Tag in ihm – also mehr oder weniger. Manchmal lassen mich die alltäglichen Dinge des Lebens, wie Wäsche waschen, Rechnungen zahlen oder Lebensmittel einkaufen, für einen Moment meine epische, glänzende, goldene Mission vergessen.

Und dann, ganz plötzlich, geht mein Millionärinnen-Minuten-Alarm los! Und ... BÄM!!

Wenn ich die ersten Töne der Musik höre, versetzt mich das sofort in diesen mentalen Zustand, in dem die ganze Magie passiert.

Ich höre sofort mit allem auf, was ich gerade tue (es sei denn, es ist unmöglich oder unangebracht), schließe die Augen, setze (oder stelle) mich aufrecht hin, atme tief ein und lasse das Gefühl einfach durch mich hindurchfließen. Es fühlt sich unglaublich an und bringt mich immer wieder auf den richtigen Kurs zurück, wenn ich durch unwichtige Dinge abgelenkt wurde. In diesem milden, tranceähnlichen Zustand verharre ich zwischen 10 und 60 Sekunden. Dann schalte ich den Wecker ab und mache weiter mit meinem Alltag, allerdings mit einem völlig erfrischten Blick und erhöhten Gefühlen.

Und das Ganze passiert *fünf Mal* am Tag!

Ich habe den Wecker meines Handys so eingestellt, dass er jeden Tag um 10:00, 12:00, 14:00, 16:00 und 18:00 Uhr losgeht. Er ist so programmiert, dass er zu diesen Zeiten »Liquid Flow« von Dreaming Cooper spielt.

Und was genau bewirkt das? Na ja, wie schon gesagt, habe ich diesen speziellen Song mit dem Gefühl verbunden, dass ich mich großartig fühle, weil ich ihn immer höre, während ich *Auf einen Kaffee mit dir selbst* lese. Wenn der Wecker losgeht, werde ich damit an mein kraftvolles Kaffee-Ritual erinnert, durch das ich mich wie eine Millionärin fühle. Das Lied erinnert mich daran, dass mein Ich sich jeden Tag so manifestiert. Nicht nur mit positiven Gedanken, sondern mit jeder ausgeführten Handlung und mit dem Eifer und der Liebe, die ich in meine Arbeit stecke. Dieser Reminder sorgt dafür, dass sich mein Gehirn gut und beschwingt anfühlt. Der Song stimmt mich auf das Leben ein, das ich mit meinem *Auf einen Kaffee mit dir selbst* manifestiere.

Meine Familie kennt mein Ritual der *Millionärinnen*-Minute bestens. Wenn der Wecker losgeht, schließt sich meine ganze Familie mir an und lässt sich von der Musik umhüllen, während wir uns golden funkelnd gut fühlen. Da mein Mann nicht immer im selben Raum mit mir und meinem Handy ist, hört er das Wecker-Lied vielleicht nur zwei- bis dreimal pro Tag. Und obwohl er »Liquid Flow« natürlich nicht mit Selbstgesprächen verbindet, sagt er, dass die Musik ihn »runterfährt« und immer einen konzentrierteren, gestärkten Geisteszustand erzeugt. Sie erinnert ihn immer wieder aufs Neue daran, das tägliche Leben auf einem epischen Niveau zu leben.

9. Nimm deine *Auf einen Kaffee mit dir selbst*-Skripte auf

Jetzt mutierst du zum wahren Superstar und nimmst deine Selbstgespräche auf, während – *Trommelwirbel* – im Hintergrund der von dir gewählte Song läuft! OMG, das macht mega Spaß und ist so faszinierend. Und wenn du deine Selbstgespräche aufnimmst, kannst du sie dir jederzeit anhören. Zum Beispiel auf dem Weg zum Supermarkt, beim Autofahren, beim morgendlichen Anziehen, beim Training im Fitnessstudio, beim Abwasch, beim Kochen oder vor dem Einschlafen.

Bei einer meiner absoluten Lieblingsmethoden für das *Auf einen Kaffee mit dir selbst*-Ritual gehe ich mit meiner Kaffeetasse in der Hand und Kopfhörern durch Küche und Wohnzimmer und lasse die Stimme meines aufgezeichneten Selbst in mein Ohr sprechen. Das ergibt dann einen verdammten Dreifach-Habit-Stack:

Kaffee + Selbstgespräche + Gehen

Hier geht's richtig wirksam zur Sache und damit fallen deine Selbstgespräche effektiver aus.

Zunächst einmal löst die sich wiederholende Bewegung beim Gehen eine wunderbare Entspannungsreaktion in unserem Körper aus. Dadurch fällt der Stress umgehend von uns ab und gleichzeitig erhalten wir einen Energieschub, der unsere Stimmung hebt.

Denk daran: Gute Gefühle und positive Emotionen sind eine wichtige Voraussetzung dafür, dass sich deine Selbstgespräche und Träume schneller manifestieren. Die beidseitige Bewegung des Gehens wirkt sich auf unser Gehirn auf bemerkenswerte Weise aus. Und: Du schaffst ein paar zusätzliche Schritte pro Tag! Um die Intensität noch weiter zu steigern, kannst du auch, wie ich manchmal, Folgendes kombinieren: Kaffee trinken, *Auf einen Kaffee mit dir selbst* hören und sprechen, während du Ausfallschritte machst!

Ich habe Verständnis dafür, dass wir nicht alle die Zeit haben, uns regelmäßig hinzusetzen und jeden Morgen unsere *Auf einen Kaffee mit dir selbst*-Skripte durchzugehen. Wenn du sie aufgenommen hast, kannst du sie dir aber auch zwischendurch mal rasch anhören. Damit baust du auch an Tagen, an denen du es eilig hast und deinen Kaffee unterwegs trinkst, dein Ich auf. Und wenn's noch eine Stufe intensiver sein soll, kannst du deine lebensverändernden Selbstgespräche mehrmals am Tag hören. Setz dich wie gewohnt morgens zu deinem *Auf einen Kaffee mit dir selbst*-Ritual hin, lies und trink deinen Kaffee dabei. Und später, zum Beispiel wenn du das Abendessen zubereitest oder den Abwasch machst, spielst du dein Ritual im Hintergrund ab.

Anfangs ist es richtig ungewohnt, die eigene aufgezeichnete Stimme zu hören. Das ist normal und es geht vorüber, versprochen. Es ist wie mit einer neuen Frisur – anfangs ist der Blick in den Spiegel seltsam irritierend, aber ganz schnell nimmt man das Befremdliche gar nicht mehr wahr. Genauso ist es mit dem Hören der eigenen Stimme. Es lohnt sich, die Eingewöhnungsphase durchzustehen, denn das Hören des eigenen Selbstgesprächs wirkt richtig stark!

Während du deine eigene Stimme hörst – besonders wenn du dich daran gewöhnt hast, sie zu hören und nicht zu bewerten –, spielt sich ein innerer Dialog in deinem Kopf ab. Wie ein Du, welches dir sagt, wie die Dinge sind. Und wenn du darüber nachdenkst, ist es genau das, was passiert, wenn wir denken! Wir denken in einem – meist unausgesprochenen – ständigen Dialog mit uns selbst. »Was soll ich heute anziehen? Hmm, ich mag dieses Hemd, aber ich habe es schon vor zwei Tagen getragen …« und so weiter.

Unser Verstand besteht aus mehreren Systemen, jedes mit seiner eigenen »Persönlichkeit«. Da gibt es zum Beispiel das rationale Gehirn gegenüber dem gefühlsbetonten Gehirn und so weiter. Oder den Teil von dir, der fünf Kilogramm abnehmen möchte, gegenüber dem Teil von dir, der denkt, dass ein weiterer Keks nicht schaden könnte. Ich betrachte meine aufgezeichneten Selbstgespräche gerne als mein »höheres Selbst« – der Teil meines Gehirns, der weiß, was langfristig das Beste für mich ist, und dem ich vertraue. Wenn ich diese Stimme höre, hat sie eine gewisse Autorität. Sie strahlt eine Art von Macht aus, und die kommt von mir!

Auf einen Kaffee mit dir selbst ist besonders in schwierigen Zeiten hilfreich. An diesem Buch habe ich während der Coronapandemie im Jahr 2020 gesessen und gerade in diesen Zeiten habe ich mich besonders auf meine aufgezeichneten *Auf einen Kaffee mit dir selbst*-Rituale verlassen. So blieb ich gesund und gestärkt, trotz der grassierenden Ängste und der schwierigen Nachrichten. Wenn ich mich überfordert fühlte, schnappte ich mir am liebsten meine kabellosen Kopfhörer und ließ mein aufgezeichnetes *Auf einen Kaffee mit dir selbst* im Hintergrund laufen, während ich putzte, arbeitete, kochte oder im Haus herumlief.

Ich gehe folgendermaßen vor, um mein eigenes Selbstgespräch aufzuzeichnen:

Ich habe nichts Ausgefallenes, keine professionelle Audioausrüstung oder so etwas. Schließlich höre ich die Aufnahme als Einzige, und sie muss nicht perfekt sein.

Wie schon gesagt, verwende ich die Notizen-App auf meinem iPhone, um mein *Auf einen Kaffee mit dir selbst* zu schreiben. Das ist superpraktisch, da ich mein Handy immer bei mir habe und so mein Skript jederzeit ergänzen und bearbeiten kann, wenn mir eine Idee kommt oder mich die Inspiration überkommt. Ich habe auch ein iPad, das meine Notizen über die Cloud synchronisiert. Ich rufe also mein *Auf einen Kaffee mit dir selbst* auf dem iPad auf und lese es von dort aus. Während ich lese, läuft auch die »Liquid Flow«-Musik auf meinem iPad. Dann öffne ich die Sprachmemos-App, die auf dem iPhone vorinstalliert ist, – es funktioniert aber auch jede beliebige andere Aufnahme-App.

Mit meiner Sprachmemos-App auf dem iPhone nehme ich auf, während ich laut vom iPad ablese und gleichzeitig die Musik im Hintergrund auf dem iPad läuft. Das Endergebnis mischt meine Stimme sehr gut mit der Musik. Klar wird dieses Verfahren keinen Oscar für seine Klangqualität gewinnen, aber es ist definitiv gut genug, um dein Gehirn neu zu programmieren und dein magisches Leben zu leben!

Wenn du kein separates Tablet zum Vorlesen hast, lies dein Skript einfach an deinem Rechner ab oder drucke es auf Papier aus. Musik ist zwar nicht notwendig, erhöht aber die Effektivität – und macht einfach zusätzlich Spaß!

Du kannst dein Skript auch einfach auf Papier aufschreiben und während der Aufnahme ablesen.

Meistens höre ich mir meine aufgezeichneten Selbstgespräche einmal am Tag an. Aber manchmal, wenn ich nur so vor Energie platze, stelle ich die Aufzeichnung einen Großteil des Tages auf Dauerschleife und höre über Kopfhörer rein, während ich meiner Arbeit nachgehe. Unglaublich!

10. Kalender-Erinnerung für *Auf einen Kaffee mit dir selbst*

Sich im Alltag zu verlieren, ist nur zu leicht. Und wenn wir beschäftigt oder abgelenkt sind, werden wir schnell faul und vergesslich. Deshalb mein Tipp: Nimm eine Zeile aus deinem *Auf einen Kaffee mit dir selbst*, kopiere den geschriebenen Text und füge ihn einfach in den Kalender deines Telefons ein. Richte ihn so ein, dass er täglich angezeigt wird.

Dann bekommst du jeden Tag, selbst im größten Alltag, plötzlich dein Selbstgespräch im Kalender angezeigt. Und wirst damit an deine Großartigkeit erinnert. Wirklich effektiv und doch so einfach, dass es mich zum Kichern bringt.

Wir alle werden durch unseren Alltag abgelenkt und vergessen manchmal, an unsere Ziele und Wünsche zu denken. Und selbst wenn wir uns an die Ziele erinnern, vergessen wir, uns *immer wieder auf sie zuzubewegen.* Oder wir lassen uns von unseren Gefühlen leiten, anstatt umgekehrt. Wir vergessen, uns gut zu fühlen. Deshalb brauchen wir Erinnerungen daran, diese kleinen Stupser, dass man sich tatsächlich die ganze Zeit gut fühlen kann, oder zumindest 95 Prozent der Zeit. Regelmäßige Erinnerungen an Selbstgespräche sind dafür ideal.

Manchmal füge ich das folgende Selbstgespräch als meine tägliche Erinnerung zu meinem Kalender hinzu:

Ich bin eine freundliche und fürsorgliche Mutter.

Man sollte meinen, dass eine Mutter nicht daran erinnert werden muss, aber mir hilft es ungemein, an solche Dinge erinnert zu werden. Wenn ich das Mini-Skript im Kalender sehe, erinnert mich das daran, meiner Tochter meine ungeteilte Aufmerksamkeit zu schenken, wenn sie mich braucht, oder sie einfach mal in den Arm zu nehmen.

Ein anderes Mal ändere ich es in:

Ich bin eine starke und charismatische Frau.

Ich sage euch, allein der Anblick verschafft mir in diesem Moment einen Vorteil. Mein Verhalten ändert sich augenblicklich.

Der Trick bei diesen Erinnerungen besteht darin, kurze, prägnante Sätze zu wählen. Du willst ja, dass das Ganze in deinem Kalender erscheint, der eine begrenzte Anzahl von Zeichen anzeigt. Wenn du einen Satz gefunden hast, der dich wirklich anspricht, verwende ihn über einen bestimmten Zeitraum. Manchmal stelle ich denselben Satz so ein, dass er sich zwei Wochen lang wiederholt und sich schließlich in meinem Unterbewusstsein festsetzt, sodass ich nicht länger daran erinnert werden muss. Und dann tausche ich ihn gegen einen neuen aus.

Ein anderes Mal wähle ich je einen Schnipsel pro Wochentag aus und drücke einfach jeweils auf »wöchentliche« Wiederholung, sodass ich pro Woche sieben verschiedene Phrasen durchlaufe. Und das ist wirklich unglaublich effektiv.

11. *Auf einen Kaffee mit dir selbst* auf Klebezetteln

Als Nächstes präsentiere ich hier – tadaaa: die altmodische Klebezettel-Notiz! Ich habe sie bereits in Kapitel 1 vorgestellt und sie ist die analoge Version der oben erwähnten Kalendererinnerung. Wenn du einige deiner bevorzugten *Auf einen Kaffee mit dir selbst*-Zeilen auf Klebezettel schreibst und sie an Stellen klebst, an denen du sie gut sehen kannst, erinnern sie dich daran, bei deinen positiven Gedanken zu bleiben. Mir hat letztens jemand geschrieben, dass er sich positive Sprüche ausgedruckt, sie laminiert und in die Dusche gehängt hat. Was für eine tolle Idee!

Es gibt aber noch einen weiteren Trick. Häng die Klebezettel alle vier bis fünf Tage um. Sonst wird man »blind« für sie und ignoriert sie. Um das zu verhindern, solltest du sie an verschiedenen Stellen in deiner Wohnung oder an deinem Arbeitsplatz platzieren und auch die Schrift alle ein bis zwei Wochen ändern.

12. Die »I am«- App

Vor Kurzem habe ich eine neue App für das iPhone und Android-basierte Geräte entdeckt, die sich perfekt für das tägliche *Auf einen Kaffee mit dir selbst* eignet. Die App heißt »I am« und wird vom Entwickler der App, Monkey Taps, als »tägliche Affirmationen für die Selbstfürsorge« bezeichnet.

Die App zeigt dir positive Affirmationen auf deinem Smartphone an, und zwar wie von dir ausgesucht, zum Beispiel als Banner zu festgelegten Uhrzeiten, als Spruch auf deinem Startbildschirm oder als Widget in deiner App-Übersicht. Die Vollversion bietet Zugriff auf die gesamte Bibliothek mit vorprogrammierten Affirmationen, einschließlich einer Funktion, mit der du deine eigenen hinzufügen kannst (einschließlich Emojis, juhu!).

Und hier kommt dein *Auf einen Kaffee mit dir selbst* ins Spiel.

Füge einfach Zeilen aus deinem *Auf einen Kaffee mit dir selbst*-Skript in die App ein. Wähle dafür eigene Affirmationen aus und gib eine Zeit ein (eine, fünf oder 15 Minuten). Die App zeigt dann nach dem Zufallsprinzip jede deiner *Auf einen Kaffee mit dir selbst*-Skripte in 15-Sekunden-Intervallen mit farbigem Hintergrund an.

Auf diese Weise entsteht ein zeitlich festgelegtes *Auf einen Kaffee mit dir selbst*-Ritual für dich und das Ganze ist einfach eine weitere coole Möglichkeit, dein Skript durchzugehen!

Die App ist nicht auf deine morgendliche *Auf einen Kaffee mit dir selbst*-Routine beschränkt, sondern bietet auch eine tolle Möglichkeit, Leerlaufzeiten zu überbrücken. Stell dir vor, du stehst in der Schlange im Supermarkt, zückst dein Handy und die folgende Zeile aus deinem Skript erscheint:

> *Ein dankbares Herz ist dem Reichtum des Universums immer nahe. Ich bin dankbar für mein schönes Leben.*

Das macht einfach riesig Spaß, zaubert ein Lächeln ins Gesicht und das Element des Zufalls sorgt für zusätzliche Spannung. Wer weiß, was als Nächstes auftaucht!

KAPITEL 9

ZEIT FÜR *AUF EINEN KAFFEE MIT DIR SELBST* FINDEN

Jede*r hat Zeit für *Auf einen Kaffee mit dir selbst.* Die für das Trinken eines Kaffees benötigte Zeit eignet sich perfekt und ich wage jetzt mal zu behaupten, dass jede*r von uns morgens etwas isst oder trinkt, selbst wenn es nur ein Glas Wasser ist. Solltest du zu den Menschen gehören, die ihren Kaffee unterwegs trinken, dann ist es an der Zeit, das zu ändern, *denn du bist es einfach wert.*

Die Frage ist einfach: Willst du dich toll fühlen oder nicht? Willst du dein Glück und dein Wohlbefinden steigern? Willst du deine Gesundheit verbessern und eine*n Partner*in oder neue Freund*innen anziehen? Willst du mehr Möglichkeiten erkennen? Willst du im Beruf erfolgreicher sein? Willst du ein besserer Vater/eine bessere Mutter sein? Wenn du eine dieser Fragen mit Ja beantwortet hast, brauchst du nur fünf Minuten, um loszulegen.

Klar gibt es Leute, die jetzt immer noch sagen, dass sie keine Zeit haben – aber das Ganze ist supereinfach. Ich habe die Antwort für dich, das Geheimnis, wie du dir Zeit nehmen kannst. Bist du bereit?

Zehn Minuten früher aufstehen.

Zauberei, ich weiß.

Das klingt vielleicht ein bisschen sarkastisch, aber ich meine es absolut liebevoll. Ich möchte, dass jeder Mensch unglaubliche Selbstgespräche führt, denn – und das ist keine Übertreibung – die Welt wird dadurch ein besserer Ort. Jeder Mensch, der seinen inneren Dialog verbessert, ist ein Schmetterling, der einen Orkan der Liebe, des Friedens und des Mitgefühls lostritt, der auf der ganzen Welt zu spüren ist. Verbinden wir unsere Zeit für Selbstgespräche mit unserem morgendlichen Kaffee, erhöht sich die Wahrscheinlichkeit, dass wir das Ritual durchziehen – und ich träume ernsthaft davon, dass wirklich jede*r damit anfängt, sich selbst zu lieben und ein Leben zu führen, das von Absicht und Selbstvertrauen erfüllt ist.

Klar müsste ich dafür vielleicht ein bisschen früher aufstehen. Und das bedeutet gleichzeitig, zehn Minuten früher ins Bett zu gehen, denn es soll ja niemand Schlaf verlieren. Guter Schlaf ist superwichtig für die Gesundheit. Er kann sich auch auf die Stimmung auswirken und Glück und Lebensfreude steigern. Tu dir selbst und deinem Leben also einen Gefallen, wenn du deinen Zeitplan für *Auf einen Kaffee mit dir selbst*-Gespräch umstellst – und dich trotzdem ausschläfst.

Nur um das noch mal zu betonen: Wirklich jede*r hat die Zeit dafür. Aber es ist auch faszinierend, wie schwer es fällt, nur ein paar Minuten früher ins Bett zu gehen. Ich verstehe das vollkommen. Beim Lesen passiert es mir ganz oft, dass ich unbedingt noch das Kapitel fertigkriegen will. Nur noch fünf Minuten. Oder ich spiele »Words with Friends« und möchte alle Spiele, die ich mit verschiedenen Leuten spiele, zu Ende spielen. So ein paar Minuten mehr oder weniger können doch nicht schaden, oder? Oder ich schaue meine Lieblingsserie auf Netflix und die Folge ist noch nicht ganz zu Ende. Dann drücke ich doch nicht mitten in der Verfolgungsszene auf Pause, oder?

Und genau hier liegt das Geheimnis. Damit du gar nicht erst in diese Situationen gerätst, solltest du überprüfen, was du abends in der Stunde vor dem Schlafengehen tust, und dann entsprechend Änderungen vornehmen. Passe deinen Zeitplan so an, dass deine Abendaktivitäten nicht gestört werden und du trotzdem rechtzeitig ins Bett gehst. Als ich meinen eigenen Zeitplan und meine Abendroutine überprüft habe, fand ich alle möglichen Faktoren, die meinen Schlaf beschnitten. Und genau hier kannst du bei dir auch ansetzen.

Schau einfach in deinen Kalender und nutze ihn, um deine Schlafenszeit zu organisieren. Auch hier verwende ich die Kalender-App auf meinem iPhone. Ich gebe die Zeit ein, zu der ich jeden Abend ins Bett gehen möchte, in der Regel ist das 21:00 Uhr. Wenn ich um 21:00 Uhr ins Bett gehe, habe ich genug Zeit zum Schlafen und wache acht bis neun Stunden später erfrischt auf. Dann stelle ich auf meinem Handy über die Uhr-App einen Wecker für 20:35 Uhr ein und wähle einen Song aus dem *Sonicaid Sleep Therapy*-Album aus, der dann entsprechend abgespielt wird. Wenn der Wecker ertönt, höre ich mit allem auf, was ich gerade tue – ohne Ausnahme –, putze mir die Zähne, wasche mir das Gesicht und gehe ins Bett. So bleiben mir ein paar Minuten, um meine positiven Gedanken für den Tag Revue passieren zu lassen, bevor ich in den Schlaf gleite.

Klingt einfach und ist es auch! Das ist keine Zauberei. Aber wie viele Menschen stellen sich tatsächlich einen Wecker, um sich bettfertig zu machen? Dabei ist es so einfach. Und wenn ich weiß, dass ich um 20:35 Uhr ins Bett gehe, fang ich auch nicht um 20:00 Uhr mit einer Sendung oder einem Film an. Ich habe mir auch angewöhnt, meine Lektüre mitten im Kapitel zu unterbrechen. Und das Spielen der restlichen »Words with Friends«-Spiele verschiebe ich auf den nächsten Abend.

Wenn ich auf Reisen bin oder mein Zeitplan stressig ist, rechne ich rückwärts, damit ich auf meine acht Stunden Schlaf komme und am Morgen Zeit für *Auf einen Kaffee mit dir selbst* habe.

In Wahrheit hat man IMMER Zeit für Selbstgespräche. Zumindest dann, wenn du das fantastische Leben, das auf dich wartet, wirklich willst. Wenn man bedenkt, dass Menschen im Durchschnitt mehr als zwei Stunden pro Tag mit sozialen Medien verbringen, dann liegt es auf der Hand, dass die meisten auch zehn Minuten Zeit erübrigen können, um ein besseres Leben zu schaffen.

Man muss sich nur entscheiden, ob man das will oder nicht. Für mich hat das auf jeden Fall Priorität. Schließlich kenne ich mein Leben mit *Auf einen Kaffee mit dir selbst* und ohne. Und die Variante mit Kaffee ist so viel besser!

KAPITEL 10

ALTERNATIVE PERSPEKTIVTECHNIKEN (APT)

Auf zwei Arten hat sich mein *Auf einen Kaffee mit dir selbst*-Gespräch auch in anderen Bereichen meines Lebens positiv ausgewirkt. Ich nenne das *alternative Perspektivtechniken* oder APT. Insbesondere hat mir mein Ritual dabei geholfen, Dinge umzusetzen, die ich vorher nicht gerne getan habe. In diesem Kapitel zeige ich dir, wie du *Auf einen Kaffee mit dir selbst* nutzen kannst, um Dinge zum Besseren zu wenden.

APT #1: Mit *Auf einen Kaffee mit dir selbst* neu gestalten

Finde einen Weg, das zu mögen, was du nicht tun willst.

Eine clevere und coole Art, *Auf einen Kaffee mit dir selbst* zu nutzen, besteht darin, sich Dinge in den Kopf zu setzen, die man tun muss, aber eigentlich nicht tun will. Das ist eine meiner Lieblingsmethoden. Als ich entdeckt habe, wie stark die Worte, die wir benutzen, bestimmen, wie wir uns fühlen und was wir manifestieren, experimentierte ich damit. Ich setzte verschiedene Worte ein, um mich für etwas zu begeistern, was ich eigentlich nicht tun wollte.

Noch bevor mir die Worte über die Lippen kamen, war ich sehr skeptisch und ich glaubte nicht, dass es klappen könnte. Mal im Ernst, wieso soll das schon funktionieren? Nur weil ich etwas nehme, was ich auf keinen Fall tun will, und einfach ein Wort ändere, soll ich Lust darauf bekommen? Die Idee kam mir mehr als suspekt vor, aber dann dachte ich: »Verdammt noch mal! Warum nicht?«

Die Technik habe ich dann das erste Mal beim Rechnungen-Bezahlen ausprobiert. Nicht unbedingt meine Lieblingsbeschäftigung! Aber dieses Mal testete ich etwas Neues. Ich sagte mir einfach: »Ich liebe es, Rechnungen zu bezahlen. Ich mache das gerne.«

Und das war's.

In meinem Herzen und meiner inneren Einstellung konnte ich direkt eine Veränderung feststellen. Ich fühlte keine Angst mehr. Mit dieser einfachen Änderung der Worte und der Neuausrichtung war ich in diesem Moment buchstäblich glücklich, Rechnungen zu bezahlen. Es schien zu schön, um wahr zu sein, aber, oh Mann, war ich froh, es ausprobiert zu haben.

Als ich mir sagte: »*Ich liebe es, Rechnungen zu bezahlen*«, hörte mein Verstand zu und schuf diese innere Einstellung für mich. Ganz schön magisch! Danach wandte ich diesen Trick immer wieder an. Ich erinnere mich gut, dass ich lachen musste, weil es so einfach schien, und ich überlegte noch: »Ob das auch für andere funktioniert, oder bin ich einfach nur superseltsam?«

Aber dann las ich ein paar Wochen später Gretchen Rubins Buch *The Happiness Project* (auf Deutsch erschienen unter dem Titel *Das Happiness-Projekt*), und sie beschrieb darin, dass sie *genau das Gleiche* tut. Ich bin fast vom Stuhl gefallen! Hallo, liebe Seelenverwandte!

Nach diesem ersten erfolgreichen Experiment machte ich mich daran, die Methode auf alles anzuwenden, und ich meine wirklich *alles*. Wenn es etwas gab, worauf ich keine Lust hatte, sagte ich mir einfach, dass ich mich total darauf freue. Und dieser kleine mentale Hack versüßte die Sache – mindestens. Meistens freute ich mich aber tatsächlich sogar auf die Tätigkeit.

Wenn ich beispielsweise eine Besorgung machen muss, etwa zum Einkaufen gehen, und mir andere Dinge eindeutig mehr Spaß machen würden, ändere ich einfach meine Gedanken. Jetzt sage ich mir: »Ich liebe es, einkaufen zu gehen.« Und dann stiefele ich los, mit einer besseren Einstellung, hüpfend statt schlurfend.

Ich wende diese Technik auch beim Putzen an, vor allem beim Putzen des Backofens, was ich schon immer ungern gemacht habe. Inzwischen sage ich mir: »Ich liebe es!« Ich mache mir nicht mal die Mühe, mir einen Grund dafür auszudenken, denn ich glaube alles, was ich mir sage. Da das Gehirn Befehle annimmt und ich ihm sagte, dass ich etwas liebe, antwortete mein Gehirn mit: »Klar, warum nicht?«

Dieser Trick funktioniert auch sehr gut bei sportlichen Aktivitäten. Viele mögen Sport nicht sonderlich und einige, darunter auch meine Mutter, sehen ihn wie die Pest an! Aber wenn man sich jedes Mal, wenn man aktiv werden will, sagt: »Ich liebe Sport«, dann macht es einem tatsächlich Spaß. Verdammt, einfach unglaublich, *es funktioniert wirklich!*

Übrigens funktioniert der Trick auch bei Gefühlen gegenüber anderen. Ich habe zum Beispiel eine Verwandte, mit der ich nicht gerade einen harmonischen Umgang pflegte. Dann sagte ich mir aber konsequent, dass ich sie liebe, und – ganz ehrlich – meine Energie veränderte sich dadurch und ich empfand bald schon in meinem Herzen mehr Freundlichkeit für sie. Und, wirklich unglaublich: Heute freue ich mich darauf, Zeit mit ihr zu verbringen. Das ist inzwischen viel angenehmer. Ich glaube, sie hat auch gespürt, dass etwas anders war, und das schien auch ihre Energie mir gegenüber zu verändern. Meine Worte haben sich quasi als eine sich selbst erfüllende Prophezeiung erwiesen.

Und das ist genau der Sinn von Selbstgesprächen!

Die Technik der alternativen Perspektive habe ich auch für meine Arbeit genutzt. Während ich darüber bloggte, wie man eine *Happy Sexy Millionärin* wird, dachte ich darüber nach, YouTube-Videos zu machen. Leider hat mir das Aufnehmen von Videos nicht wirklich Spaß gemacht. Ich fand den Prozess immer stressig: vor einer Kamera zu sprechen, sich zu merken, was ich sagen soll, etwas zum Anziehen zu finden, mich zu frisieren und es nicht zu vermasseln …

Eines Tages experimentierte ich also mit meinen neuen APT-Kräften und sagte mir: »Ich liebe es, YouTube-Videos zu machen«. Na ja, es hat wieder funktioniert. Hammer! Spiel, Satz, Sieg! Heute liebe ich es, Videos zu machen. Wirklich. Ich täusche es nicht vor. Ich belüge mich nicht selbst. Ich freue mich jetzt sogar, wenn ich daran denke, vor der Kamera zu stehen. Inzwischen bin ich entspannter und besser darin. Als hätte sich ein Schalter in meinem Gehirn umgelegt.

Und die Einfachheit dieser Technik versetzt mich noch heute in Erstaunen. Vielleicht bin ich ja besonders leicht zu beeinflussen, aber ich fordere jede*n heraus, sich wiederholt zu sagen, dass er/sie etwas mag, von dem er/sie dachte, dass er/sie es nicht mag, und sich dann anzuschauen, ob sich seine/ihre Einstellung dazu auch nur ein wenig ändert. Wenn das der Fall ist, dann ist es die Sache wert. Die Technik kann auf Dinge angewandt werden, die du nur leicht ablehnst – wie das Haus zu putzen oder die Wäsche zu falten –, oder für Dinge, die du *ernsthaft* nicht gerne tust – wie öffentlich Vorträge zu halten oder frei zu reden, die Steuererklärung zu machen oder die Schwiegereltern zu besuchen!

Hier ein lustiges Experiment: Versuch mal, etwas zu mögen, was du bisher nicht mochtest, zum Beispiel eine bestimmte Art von Essen, ein bestimmtes Musik- oder Filmgenre. Stell dir nur die Möglichkeiten vor!

Jedenfalls kann sich die verblüffende Methode für viele beruflich als sehr effektiv erweisen.

Stell dir vor, du wärst im Verkauf tätig, aber dir macht Kaltakquise keine Freude. Indem du dir einfach sagst: »Ich liebe Kaltakquise«, änderst du deine Einstellung und verschaffst dir mit einem Schub an Selbstvertrauen einen Vorteil. Bedenkt man die möglichen Auswirkungen auf die sich für dich wiederholenden Aufgaben, dann kann das ein echter Wendepunkt sein! Je öfter du deine Gedanken in eine positive Richtung lenken kannst, desto besser wirst du dich fühlen, desto gesünder wird dein Körper sein und desto magischer wird dein Leben werden.

Seit einiger Zeit mache ich das immer dann, wenn ich etwas tun muss, was ich normalerweise nicht tun möchte, wie zum Beispiel über den Atlantik fliegen oder durch die Sicherheitskontrolle am Flughafen gehen. Es gibt nichts, auf das ich die Methode nicht anwenden würde – den Boden putzen, Wäsche aufhängen, zur Zulassungsstelle fahren. Es funktioniert wie ein Zauber. Aktuell arbeite ich daran, den Geschmack von Leber zu genießen – so nahrhaft, aber ... bäh! Es geht zwar nur langsam voran, aber dank der APT kann ich sie jetzt zumindest ertragen.

Versuch es selbst. Denk an etwas, was du diese Woche tun müsstest und lieber nicht tun würdest. Sag einfach laut: »Ich tue ... gerne.« Schau, ob du dich dann nicht sofort anders fühlst, was die Aufgabe angeht. Wenn das nicht der Fall ist oder wenn der Effekt gering ist, dann wiederhole die Worte immer wieder, fünf- bis zehnmal. Genieß dann den sofortigen Auftrieb, den du in Bezug auf das bevorstehende Projekt oder die anstehende Aufgabe erfährst.

Alternative Perspektivtechniken wie diese kommen zwar ohne Kaffee aus, sind aber trotzdem eine Form des Selbstgesprächs. Du kannst sie aber natürlich auch in deinem *Auf einen Kaffee mit dir selbst*-Ritual verwenden. Indem du die Aussagen in deinem *Auf einen Kaffee mit dir selbst*-Skript aufnimmst, wiederholst du den positiven Gedanken täglich, wodurch die Veränderung schneller dauerhaft wird.

Zum Beispiel ist das Bezahlen von Rechnungen eine monatlich wiederkehrende Aufgabe. Falls du jeden Monat Angst hast, wenn es ans Rechnungen-Bezahlen geht, füge ein oder zwei Zeilen in dein *Auf einen Kaffee mit dir selbst*-Skript ein, zum Beispiel »Ich liebe es, meine Rechnungen zu bezahlen«. Wenn du das ein paar Wochen lang jeden Tag durchziehst, ist das Bezahlen von Rechnungen nicht mehr ganz so anstrengend. Damit programmierst du nämlich deinen Verstand so um, dass du ganz anders darüber denkst.

Fast alles kann aus verschiedenen Blickwinkeln betrachtet werden. Nicht jede*r hat Probleme, Rechnungen zu bezahlen. Viele stehen dem neutral gegenüber, andere wiederum genießen es, jede Rechnung auf ihrer Liste zu überprüfen. Das sind Fakten, die darauf hindeuten, dass man auch etwas mögen kann, was scheinbar unangenehm ist. Was vielen vielleicht weniger klar ist, ist, dass es tatsächlich eine Entscheidung ist, etwas zu mögen oder nicht zu mögen. Ich habe *beschlossen*, meine Rechnungen gerne zu bezahlen. Und wir alle haben die Macht, unsere Vorlieben zu wählen.

Wie du siehst, ist es nicht die Tätigkeit selbst, die uns missfällt, sondern die Art und Weise, wie wir sie betrachten. Wie wir über die Dinge denken, macht den Unterschied aus. Was sie für uns *bedeuten*. Mit ein paar Worten im Selbstgespräch kannst du völlig verändern, was etwas für dich bedeutet. Sei es eine Tätigkeit, eine Person oder deine Überzeugungen über die Welt. Und vor allem deine Überzeugungen über *dich* selbst. Das ist ermächtigend!

APT #2: Die alles verändernde alternative »Ich darf«-Perspektivtechnik

Eine weitere Methode, Dinge, die du tun »solltest« oder »müsstest«, aber nicht immer gerne tust, neu zu formulieren, besteht darin, deine Selbstgespräche auf eine bestimmte Art und Weise zu ändern. Ersetze einfach »müssen« durch »dürfen«, lehn dich zurück und spüre der Magie nach. Hier mal mein Lieblingsbeispiel:

Sage statt »Ich *muss* jetzt trainieren« lieber »Ich *darf* jetzt trainieren«. Bääm! Wahnsinn! Spürst du den Unterschied?

Ich habe etwas, das ein Muss oder ein Soll war, in ein Privileg verwandelt. Wie glücklich kann ich mich denn schätzen? Ich darf trainieren! Juhu! Wenn man etwas in ein Privileg umwandelt, überkommt einen ein Gefühl der Dankbarkeit und man ist viel glücklicher, wenn man diese Tätigkeit ausübt.

Durch die Änderung eines kleinen Wortes verändert sich die Bedeutung völlig. Ohne es direkt auszusprechen, wird damit impliziert, dass nicht jede*r Sport treiben kann. Zum Beispiel, wenn man drei Jobs hat oder körperlich beeinträchtigt ist. Manchmal komme ich auch nicht dazu, mich zu bewegen, zum Beispiel wenn ich krank bin. Allein die Tatsache, dass mich derzeit nichts daran hindert, mich körperlich anzustrengen und meine körperliche Verfassung zu verbessern, ist Grund genug, um glücklich zu sein. Das *ist* wirklich ein Privileg.

Diejenigen unter euch, die nicht gerne meditieren, sollten sich sagen: »Ich *darf* heute meditieren.« Dann fühlst du dich ein bisschen wie ein Kind. *Yippie!*

Siehst du, wie mächtig deine Worte sind? Ich wende diesen Trick ständig an, eigentlich jeden Tag. Mit der Zeit ändern sich deine Gefühle wirklich. Du wirst dich viel mehr auf eine Sache freuen, die du vorher nicht mochtest. Und es wird nicht lange dauern, bis du dich tatsächlich auf die Sache freust, die du umprogrammiert hast, um sie zu genießen.

Du kannst diese »Ich darf«-Sätze ganz einfach in dein morgendliches *Auf einen Kaffee mit dir selbst*-Skript aufnehmen. Sie sind besonders nützlich, um gute Gewohnheiten in dein Leben zu integrieren. Wenn das Beispiel mit der Bewegung auf dich zutrifft, kannst du eine Zeile in dein *Auf einen Kaffee mit dir selbst*-Skript einfügen, die lautet:

> *Ich darf heute trainieren! Juhu! Ich habe so viel Glück.*

Du kannst sogar noch weiter gehen und die Dankbarkeit verstärken, indem du konkreter wirst:

> *»Ich darf heute trainieren! Juhu! Ich bin gesegnet, dass ich Zeit und Energie zum Trainieren habe. Ich habe das Glück,*

dass ich Beine habe, um auf dem Laufband zu laufen, und Arme, um Gewichte zu heben. Ich liebe es, meiner Gesundheit und meinem Körper oberste Priorität einzuräumen. Das wird ein super Training heute, und ich bin so froh, dass ich es machen kann.«

KAPITEL 11

WEG MIT DEM NEGATIVEN – FÜR MEHR GLANZ UND GLITTER

Während das *Auf einen Kaffee mit dir selbst*-Ritual nur fünf bis zehn Minuten pro Tag dauert, gibt es weitere Dinge, die ich tue, um den ganzen Tag über eine gesunde Einstellung aufrechtzuerhalten. Hier sind meine Tipps, die dir helfen, deinen Glanz zu bewahren, indem du jegliche Negativität in deinem Leben eliminierst oder auflöst.

Reden wir über Nachrichten

Ich schaue mir die Nachrichten nicht regelmäßig an – eigentlich so gut wie nie. Dabei fühle ich mich trotzdem nicht wie eine uninformierte Idiotin. Heutzutage sind die meisten Nachrichten entweder überflüssig, unwichtig, nicht relevant, voreingenommene Meinungen oder rein spekulativ (Profi-Tipp: Ignoriere jede Schlagzeile, die mit einem Fragezeichen endet). Einiges davon ist nicht einmal wahr (Hallo, Facebook!), und vieles von dem, was wahr ist, ist so gefiltert, dass die Menschen durch Sensationslust oder Angstmacherei zum Klicken gebracht werden. Ehrlich gesagt ist das ziemlich krank.

Dennoch scheine ich nie zu verpassen, wenn etwas wirklich Wichtiges passiert. Große Schlagzeilen schaffen es durch meinen Filter. Und Nischenartikel, die für meine besonderen Interessen relevant sind, erreichen mich über vertrauenswürdige Kuratoren (Freund*innen, Twitter …). Wenn etwas so wichtig ist, dass ich es unbedingt wissen muss, tauche ich dann ein, um mehr darüber zu erfahren. Ich lebe schließlich nicht unter einem Stein.

Als ich die Nachrichten ausgeblendet habe, stiegen meine Klarheit, mein Denkvermögen, meine Kreativität, mein Frieden und mein Glück deutlich. Ich war befreit von SO VIEL täglicher Ablenkung! Kennst du das Sprichwort »Schlechte Nachrichten gehen schneller um die Welt«? Die überwiegende Mehrheit der Nachrichten ist negativ, *weil die meisten Menschen durch Angst motiviert sind und sie buchstäblich nicht widerstehen können, deshalb den Link zu klicken und nachzuschauen.*

Na ja, ich mach das jetzt nicht mehr mit. Für diesen Mist schaffe ich keinen Platz in meinem Leben. Ich achte vielmehr auf meinen beschwingten Zustand. Ich bin wild entschlossen, mein *Happy Sexy Millionärinnen*-Leben zu manifestieren, und ich will verdammt sein, wenn ich das auch nur einen Tag hinauszögere, weil ein Prominenter bei etwas Peinlichem erwischt wurde oder ein Politiker etwas Dummes gesagt hat. Ruf mich an, wenn ein Krieg ausbricht oder wir außerirdisches Leben entdecken, ja?

Drama in sozialen Medien

Hier verfolge ich inzwischen den gleichen strikten Ansatz, der auch für meine Feeds in den sozialen Medien gilt. Früher habe ich viel zu viel Zeit darauf verschwendet. Als ich begriff, dass diese Plattformen mich manipulierten und mich in einen ständigen Modus des dopamingetriebenen, süchtigen Konsums versetzten (»Gamifizierung« in der Tech-Sprache), sagte ich mir irgendwann: *»Schluss damit«!* Und dann veränderte ich so einiges.

Zunächst einmal gefielen mir die ganzen Schimpftiraden bis hin zu Shitstorms auf Twitter nicht, also habe ich sofort aufgehört, *allen* zu folgen, die öfter negativ als positiv waren. Ganz egal, ob wir befreundet waren oder nicht. Mein Bewusstsein sollte nicht als Geisel für das Bewusstsein negativer oder kleinlicher Menschen herhalten. Stell dir vor, jeder würde seinen Feed so rücksichtslos aussortieren – Twitter würde schnell zu einem viel freundlicheren Ort werden.

Instagram war eine weitere ständige Quelle der Verzweiflung. Aufgrund meiner persönlichen Probleme stellte ich viel zu viele Vergleiche an, und das trug null dazu bei, dass ich mich besser fühlte. Selbst scheinbar inspirierende Accounts, denen ich folgte, vermittelten mir während dieser Zeit nur das Gefühl von Mangel. Diese Leute waren nicht einmal negativ eingestellt. Nein, die Probleme rührten von meiner eigenen Mangel-Mentalität her. Leider ist dies heute bei vielen Instagram-Nutzer*innen der Fall (auch bei jungen Menschen, was besonders erschreckend ist). Wenn man ein geringes Selbstwertgefühl hat, kann man auf Instagram, wo die Leute nur ihr bestes, gefiltertes Selbst posten, einen bösen Kessel der Toxizität erschaffen, in dem man dann vor sich hin schmort.

Darauf gibt es allerdings eine Antwort. Soziale Medien können mächtig sein, wenn sie richtig genutzt werden, und schädlich, wenn sie falsch genutzt werden. Hier verrate ich dir, wie ich sie zu einer stärkeren Kraft in meinem Leben gemacht habe, die mein Wohlbefinden unterstützt.

Lange Zeit habe ich mich einfach von den sozialen Medien verabschiedet, ging auf kalten Entzug. Ich habe die Apps von meinem Handy gelöscht. Damit habe ich »strategische Reibung« erzeugt – wie Kaufsüchtige, die ihre Impulsivität kontrollieren, indem sie ihre Kreditkarten in einem Eisblock im Gefrierschrank einfrieren.

Wenn ich einchecken oder etwas posten wollte, musste ich die App buchstäblich neu installieren, mein Passwort raussuchen und mich anmelden. Das habe ich tatsächlich von Zeit zu Zeit getan. Aber nur, wenn es mir wichtig genug war, um den mühsamen Aufwand zu rechtfertigen. Und dann habe ich die Apps wieder gelöscht. Klingt ein bisschen verrückt, ich weiß. Aber das hat mich von der Sucht nach Likes, Reposts und Followern befreit. Und zwar äußerst erfolgreich. So hatte ich Zeit zum Durchatmen und konnte an mir arbeiten.

Während ich mich von den sozialen Medien fernhielt, arbeitete ich gleichzeitig an mir, und mein *Auf einen Kaffee mit dir selbst*-Ritual trug dazu bei. Es stärkte mein Selbstwertgefühl und diese Arbeit an meiner Selbstliebe gab mir das Gefühl, würdig und ganz zu sein. Als ich mich in eine neue Person verwandelt hatte, die sich stark, liebevoll und selbstbewusst fühlte, stellte ich fest, dass ich in einer besseren Verfassung war, um ehemals riskante Verhaltensweisen wie das Surfen auf Instagram zu praktizieren.

Sobald ich mich in den sozialen Medien wieder wohlfühlte, führte ich eine rücksichtslose Säuberung durch. Ich folgte niemandem, egal auf welcher Plattform, der mir auch nur einen Hauch von Negativität entgegenbrachte, unangemessene Witze riss oder gemeine Dinge über jemanden sagte. Fand ich mich daraufhin allein in einer verlassenen Einöde wieder? Ganz und gar nicht. Stattdessen begann ich, Menschen zu folgen, die mich zum Lachen brachten oder generell positive Dinge zu sagen hatten. Ich folge führenden Persönlichkeiten aus dem Bereich der Selbstentwicklung, Menschen, die schöne Bilder von Tieren und der Natur posten, und lustigen Menschen. Davon gibt es tonnenweise.

In der Regel schränke ich auch meine Zeit in den sozialen Medien strikt ein – selbst bei meinen neuen positiven Freund*innen. Es lässt sich nicht leugnen, dass die meiste Zeit, die man in sozialen Medien verbringt, einfach nicht produktiv ist. In vielen Fällen betäubt es sogar, und das ist kein episches Leben.

Ich möchte mehr gestalten als konsumieren!

Ich bin also nur etwa fünf Minuten pro Tag in sozialen Netzwerken unterwegs und oft nur jeden zweiten Tag. Dafür stelle ich einen 5-Minuten-Timer auf meinem Handy ein! Und manchmal schaue ich sogar eine Woche oder länger nicht rein.

Die Zeit, die ich gewinne, weil ich keine sozialen Medien nutze, nutze ich, um mich und mein Leben zu verbessern. Ich gehe spazieren, ich lese, ich schreibe, ich spiele mit meiner Tochter, ich meditiere, ich träume, ich stehe auf und bewege mich, ich tanze und ich entspanne mich – in dem Wissen, dass ich keine Minute vergeude, denn das ist alles Zeit, die ich vom Müllhaufen der sozialen Medien zurückgewonnen habe.

Am wichtigsten ist, dass ich mich jedes Mal, wenn ich mich bei Instagram oder Twitter einlogge, frage: Fühle ich mich dabei gut? Wenn nicht, verschwinde ich sofort von dort. Denk daran: Soziale Medien können ein großartiger Diener sein, sie sind aber auch ein böser Meister. Wie du sie nutzt, hängt von dir selbst ab.

Indem ich bewusst so viel Negativität wie möglich aus meinem Leben fernhalte, strahlt mein Geist heller. Denn ich möchte nicht, dass Negativität mein Gehirn befeuert und verdrahtet, und das bewusste Filtern von Nachrichten und sozialen Medien ist eine der klügsten und einfachsten Möglichkeiten, dies zu erreichen.

Auf mein Wohlbefinden haben sich diese Veränderungen erstaunlich positiv ausgewirkt. Je mehr Gelegenheiten ich für positive und erhebende Gefühle habe, desto besser fühle ich mich und desto schneller ziehe ich das Schicksal an, das ich entwerfe! Jeden Tag komme ich so meinem Ziel näher, und gleichzeitig liebe ich die Reise dahin. Ich würde es nicht anders haben wollen.

Gedeihe auch in der Nähe negativer Menschen und Situationen

Das Leben mit *Auf einen Kaffee mit dir selbst* verändert dich, aber das bedeutet nicht, dass sich alle um dich herum verändern. Es stimmt zwar, dass du selbst besser auf Menschen reagierst, die das Kaffee-Ritual nicht mit dir teilen, aber seien wir ehrlich: Es gibt immer noch genügend Menschen und Situationen, die eine fast heldenhafte, Mutter-Teresa-ähnliche Geduld erfordern. Und genau dafür habe ich ein Skript und ein Training – als Hilfe, um das Ganze mit größerer Leichtigkeit zu bewältigen.

Ganz ehrlich: Es wird Zeiten geben, in denen du dich in Gesellschaft von Menschen befindest, die deine Begeisterung für deine unglaublichen Worte und Gefühle nicht teilen. Bis zu einem gewissen Grad hast du darauf Einfluss. Menschen, die sich mit Selbstgesprächen auskennen, wissen, wie wichtig es ist, sich mit anderen positiven Selbstgesprächen zu umgeben. Das steigert unsere eigene Energie, unsere Lebenseinstellung, und es fühlt sich gut an. Wir bauen uns gegenseitig auf.

Mit der Zeit merkt man, dass negative Menschen – auch wenn man sie liebt – einfach nicht mehr das Richtige für einen sind. Du bist nicht mehr im Einklang mit ihnen. Du hast eine andere Vorstellung davon, was möglich ist.

Für einige von uns bedeutet dies, dass es an der Zeit ist, bessere Entscheidungen darüber zu treffen, wo wir unsere Zeit verbringen. Denk daran, dass bessere Entscheidungen zu einem besseren Leben führen. Eine der wichtigsten Gewohnheiten, die du dir aneignen kannst, ist, darauf zu achten, mit wem du deine Zeit verbringst. Du musst deinen Geist vor externen Quellen negativer Programmierung schützen, genauso wie du darauf achtest, was du zu dir selbst sagst.

Trotz unserer besten Bemühungen kann es immer wieder vorkommen, dass wir uns in der Nähe negativer Menschen wiederfinden. Zum Beispiel innerhalb der Familie. Obwohl wir die Zeit, die wir mit negativen Familienmitgliedern verbringen, reduzieren können, ist es vielleicht nicht möglich, sie ganz zu vermeiden. Zum Glück gibt es dafür einen cleveren Hack!

Wenn ich mit Leuten zusammen bin, die sich über etwas beschweren oder jammern, antworte ich mit »Wäre es nicht toll, wenn …« und ändere damit den Ton des Gesprächs komplett. Wenn sich jemand über den Verkehr beschwert, während wir im selben Auto sitzen, antworte ich: »Wäre es nicht Wahnsinn, wenn wir ein Auto hätten, das sich in die Luft schwingen könnte, und auch die anderen Autos fliegen könnten?« Indem ich lustige Wörter wie »Wahnsinn« mit einem albernen Szenario wie »fliegende Autos« kombiniere, lockere ich die Stimmung für mich und andere auf.

In manchen Situationen sind lustige Worte und Albernheiten nicht angebracht. Wenn sich mein Gegenüber zum Beispiel über seinen oder ihren Chef auslässt oder beschwert, höre ich zunächst aktiv zu, wie es alle guten Zuhörer*innen tun. Ich schmälere nicht die Gefühle oder Erfahrungen der Betroffenen und tue sie auch nicht ab. Aber dann lenke ich die Stimmung um und gebe meinen Gesprächspartner*innen die Gelegenheit, sich etwas Besseres einfallen zu lassen, zum Beispiel: »Wäre es nicht cool, wenn du deine eigene Firma hättest?« Oder: »Wäre es nicht toll, wenn dein Chef supergroßzügig wäre und dir für deine tolle Arbeit ein Lob aussprechen würde?« Du solltest ein Gespür für die Situation haben und entsprechend reagieren, aber das bedeutet nicht, dass du mit deinem Gegenüber in deren Negativität schmoren musst.

Ich tue dies auch in meinen eigenen Gedanken. Nicht alles im Leben ist rosig, aber ich versuche, es mit der Kraft meiner Worte und Gedanken so rosig wie möglich zu machen. Zum Beispiel haben wir vor Kurzem in Lecce in Italien gelebt. Wir nahmen uns dort für einen Monat eine Wohnung, damit wir die Stadt erkunden konnten, um herauszufinden, ob wir längerfristig bleiben wollten. In einer der Wohnungen unter uns wurden Renovierungsarbeiten durchgeführt, bei denen Farbverdünner verwendet wurde, weshalb uns jedes Mal, wenn wir unsere Wohnung verließen und die drei Stockwerke hinuntergehen mussten, ein übler Gestank entgegenschlug und wir darum kämpfen mussten, nicht die giftigen Dämpfe einzuatmen.

Mir liegt meine Gesundheit sehr am Herzen und ich wusste, dass der Farbverdünner meinem Gehirn und meiner Lunge keinen Gefallen tat. Aber mit solchen Gedanken die Treppe hinunterzusteigen, stresst nur noch zusätzlich, verursacht ein schlechtes Grundgefühl und zieht andere negative gesundheitliche Folgen des Stresses (und des Farbverdünners – ein doppelter Wermutstropfen!) nach sich. Dadurch hätte ich meine Manifestationen weiter von mir weggeschoben.

Befinde ich mich also in einer Situation, in der die Dinge besser sein könnten, reagiere ich stattdessen mit aufmunternden Gedanken: »Wäre es nicht fantastisch, wenn das Treppenhaus unseres Gebäudes nach frischen Rosen duften würde?«

Oder man gestaltet die Erfahrung um. Mein Mann zum Beispiel ging ruhig die Treppe hinunter und hielt die ganzen drei Stockwerke lang die Luft an, wobei er sich vorstellte, er sei James Bond und könne lange die Luft anhalten, um giftigen Gasen auszuweichen. Das Leben ist ein Spiel, stimmt's? Besser, das Spiel als James Bond zu spielen als ein ausgeflippter Angsthase zu sein.

Das macht die Sache viel leichter und ich fühle mich besser. Sieg auf ganzer Linie!

Ein »magisches« Programm zum Sich-sofort-besser-Fühlen

Zweifellos finden wir uns manchmal in Situationen wieder, die nicht ideal sind, aber wir können jede einzelne davon verbessern. Ein weiteres Beispiel dafür, wie ich positive Gedanken nutze, um mein Leben zu verbessern, ist, dass ich sofort etwas Gutes an einer Situation suche und finde. Wenn man den Dreh erst einmal raushat, fällt es leicht – und ich habe meinen Verstand so programmiert, dass die Vorgehensweise meine Standardeinstellung darstellt. Das kannst du auch.

Wenn ich mir zum Beispiel ein Gebäude ansehe und es hässlich mit Graffiti beschmiert ist, suche ich nach etwas, das mir daran gefällt. Vielleicht die Fenster oder die Tür des Gebäudes. Vielleicht die Art, wie sich die Sonne auf der Fläche spiegelt. Oder das Graffiti selbst … Das erinnert mich an die paläolithischen Höhlenmalereien von Lascaux und den uralten menschlichen Drang, etwas zu schaffen und der Welt seinen Stempel aufzudrücken. Was auch immer für dich funktioniert. Alles, was positiv ist, wird dir gefallen, und dein Gehirn wird dir glauben (das tut es einfach), sodass du dich im Nu besser fühlst.

Oder wenn es kalt ist und meine Hände einfrieren, während ich zum Einkaufen unterwegs bin, erinnere ich mich, statt zu jammern, sofort daran, dass die erlebte Kälte meine Gene für ein langes Leben aktiviert. Das ist toll – ich werde sehr lange leben! Yippie – danke, kaltes Wetter!

Silberstreifen am Horizont

Es ist immer eine Wahl. Die Entscheidung, sich *trotz nicht idealer* Bedingungen gut zu fühlen, ist der Weg, wie man die Umstände mit Anmut meistert.

Deine Entscheidungsfreiheit ist die wahre Quelle der Resilienz. Sicherlich ist es normal, dass du in einer Situation oder wegen eines Ereignisses in deinem Leben gelegentlich einen Rückschlag erleidest oder ins Stolpern gerätst. Aber es kommt darauf an, was du *danach* tust. Wie lange dauert es, bis du deinen Frieden und dein Glück wiederfindest? Wie lange dauert es, bis du deine Denkweise änderst, das Kommando übernimmst und die Musik wieder aufdrehst?

Es ist eigentlich ganz einfach. Man muss nur herausfinden, wie man die Situation im bestmöglichen Licht betrachten kann. Es gibt *immer* einen Silberstreif am Horizont und unsere Selbstgespräche programmieren unseren Verstand darauf, ihn sofort zu suchen. Unsere Standardstimmung ist Glück und ein Gefühl der Erhabenheit, egal, was passiert. Dies ist die ultimative Freiheit, und es fühlt sich einfach gut an, keine Angst zu haben, vor nichts.

Das Spiel der Dankbarkeit

Dankbarkeit zu empfinden, ist ein bewährtes Mittel, um dein Glück zu steigern. Wenn du deine Wertschätzung für alles und jede*n zum Ausdruck bringst, ist das immer ein guter Weg, um die Stirn von Falten zu befreien. Sie erzeugt Gefühle von Ganzheit und Liebe und ist ein einfacher Weg, um deine Gedanken im Handumdrehen zum

Positiven zu verändern und dein Traumleben wieder in die richtige Bahn zu lenken.

Ich finde immer etwas, woran ich denken kann und was mich glücklich macht. Wenn ich zum Beispiel draußen im Regen warten muss, bin ich dankbar für meinen Regenschirm oder meinen Mantel (vorausgesetzt, ich habe sie dabei – haha). Oder ich sage einfach: »Ich bin dankbar für den Regen, weil er den Pflanzen und dem Gras hilft zu wachsen.« Eine schnelle und einfache Verbindung der Wertschätzung zu schaffen, unterbricht die Kette negativer Gedanken und schafft eine Kette glücklicher Gedanken. Der Schlüssel liegt darin, es einfach zu halten, denn das wird mitschwingen und deinen Kern schneller treffen.

Ein anderes Beispiel: Wenn du dir wegen der Finanzen Sorgen machst, denk sofort daran, wie dankbar du bist, dass dein Sohn/deine Tochter/dein*e Partner*in gesund ist. Gesundheit ist eine Standardquelle der Dankbarkeit, die ich regelmäßig anzapfe, denn ich weiß, wenn ich gesund bin, ist alles gut in meiner Welt. Wenn du krank wirst, konzentriere dich nicht darauf, sondern stelle fest: »Ich bin froh, dass ich nicht noch kränker bin«, oder: »Ich werde die Zeit, in der ich im Bett liege, nutzen, um meine Lieblingssendungen zu sehen.« (Profi-Tipp: Komödien und Lachen fördern Gesundheit und Heilung.)

Um das Spiel wirklich gut zu beherrschen, trainiere einen Tag in der Woche: An dem Tag versuchst du (zwischen den Arbeitsaufgaben, die deine Konzentration erfordern), so viele Dinge wie möglich wertzuschätzen. Das kann so etwas Kleines sein wie die Zahnbürste, mit der du dir die Zähne putzt, oder die Sonne, die scheint, oder dein bequemes Bett oder deine leckere Mahlzeit. Es kann aber auch so groß sein wie dein Zuhause, deine Familie, deine Arbeit oder deine unglaubliche Ausdauer, mit der du dein Leben selbst in die Hand nimmst und es nach deinen eigenen Vorstellungen lebst. Als Ergebnis dieser Übung hast du nicht nur einen deiner glücklichsten Tage überhaupt, sondern gleichzeitig Wertschätzung in deinem Gehirn verankert. Auf diese Weise wird Wertschätzung zu deiner Standardeinstellung.

Dankbarkeit mache ich zu einem wichtigen Teil meiner täglichen Routine, indem ich einige Zeilen in mein *Auf einen Kaffee mit dir selbst*-Skript einfüge, in denen ich bestimmte Dinge benenne, für die ich dankbar bin.

Neues Selbstbewusstsein schafft ein besseres Leben – heute. Egal, was passiert!

Im Laufe der Zeit habe ich festgestellt, dass mein *Auf einen Kaffee mit dir selbst*-Ritual mir die Gedanken, die ich denke, die Worte, die ich sage, und das, was ich andere Menschen sagen höre, sehr bewusst gemacht hat. Ich habe erkannt, dass ich mein Leben als *Happy Sexy Millionärin* viel schneller anziehen kann, wenn ich meine Gedanken genau beobachte.

So verwende ich zum Beispiel keinen der folgenden Sätze, wenn es um ganz einfache Dinge geht:

Ich kann … kaum erwarten.

oder

Ich warte schon auf …

Wirklich? Ja – wirklich –, ich wähle jedes Wort und jeden Satz, den ich regelmäßig verwende, mit Bedacht aus und ich habe beschlossen, dass ich die genannten Formulierungen und Worte nicht mag. Sie hinterlassen einen leicht unangenehmen Geschmack auf der Zunge, also habe ich sie mir abgewöhnt. Stattdessen sage ich etwas Griffigeres wie »Ich freue mich auf/für …«.

Ist das übertrieben? Nö. Ich bin schließlich auf einer Mission und ich bereite mich mit jedem Wort auf den Erfolg vor. Mit jedem Gedanken. Denn ich weiß, wie mächtig jeder Gedanke und jedes Wort sind. Wenn sie mich nicht wie eine riesige, rotierende Discokugel zum Strahlen bringen, ändere ich sie.

Sicher, meine Freund*innen und meine Familie hielten mich anfangs für ziemlich seltsam. Aber dann ist etwas Komisches passiert. Ich verwende meine Worte so bewusst und mit so viel Leidenschaft, dass sie gar nicht anders können, als ihre eigenen Entscheidungen zu hinterfragen und ihre Wortwahl zu ändern. Der Samen wurde in ihnen eingepflanzt.

Wenn ich meine positiven Selbstgespräche und Affirmationen wiederhole, fällt es mir mit der Zeit leichter, positive Selbstgespräche auf jede einzelne Sache in meinem Leben anzuwenden. Als ich entdeckte, dass *jeder Gedanke* in irgendeiner Form eine Bewertung ist, fing ich natürlich an, anders zu denken – die ganze Zeit über. Ich nehme kein Wort als selbstverständlich hin.

Infolgedessen habe ich im Laufe meines Tages etliche Situationen identifiziert, in denen ich leicht einen Weg hätte einschlagen, eine Beschwerde oder einen negativen Gedanken hätte aufkommen lassen können, der zu einer Abwärtsspirale geführt und meinen Moment trübt hätte. Als Auslöser genügt bereits ein bisschen Negativität von einem Fremden, einem Bekannten, aus den sozialen Medien oder den Nachrichten. Es musste sich gar nicht direkt um mich drehen, aber wenn man etwas Negatives oder Kritisches denkt, egal was, erzeugt das ein negatives Gefühl in *einem selbst*, ein Unbehagen. Na ja, nicht unter meiner Aufsicht! Jetzt nicht mehr. Negative Energie, egal aus welcher Quelle, zieht definitiv kein *Happy Sexy Millionärinnen*-Leben an. Deshalb wähle ich jetzt klug und mutig den anderen Weg. Wenn etwas Unangenehmes auftaucht, weiche ich ihm aus, als wäre es radioaktiv. Ich greife reflexartig auf meine köstlichen Selbstgespräche zurück, weil ich darauf trainiert bin.

Und genau das kannst du auch. Stell dir vor, dass du nicht länger am Pferdeschwanz oder an deiner Krawatte herumgezerrt wirst. Stell dir ein Leben vor, in dem dir das Herz nicht vor Angst in die Hose rutscht.

Stell dir vor, dass du glücklich lebst, egal, was um dich herum passiert. Wenn du dein tägliches *Auf einen Kaffee mit dir selbst*-Ritual durchziehst und die zusätzlichen Strategien anwendest, dann wächst du über dich hinaus. Du kannst dir selbst dabei zusehen, wie dein Leben *episch* gut wird.

Schon gut, schon gut, das reicht jetzt. Kommen wir endlich zu den lebensverändernden Selbstgesprächen, die ich die ganze Zeit versprochen habe.

TEIL II

SKRIPTE FÜR *AUF EINEN KAFFEE MIT DIR SELBST*

Hier kommen 13 *Auf einen Kaffee mit dir selbst*-Skripte, die dich auf deiner Reise zu deinem besten, magischsten Leben voranbringen. Wenn sie dich ansprechen, kannst du sie sofort verwenden. Andernfalls kannst du sie bearbeiten oder sie als Ausgangspunkt für deine eigenen Skripte verwenden, mit Worten, die für dich relevanter sind oder Freude in dir auslösen.

Wenn du all die Möglichkeiten entdeckst, wie du *Auf einen Kaffee mit dir selbst* einsetzen kannst, ist es erst mal verlockend, eigene Skripte zu ganz vielen Themen zu schreiben! So viele wichtige Themen!

Mal im Ernst: Das ist eindeutig zu viel Kaffee! Aber ganz klar: Sobald du deine Einstellung in einem bestimmten Bereich deines Lebens verbesserst, überträgt sich das automatisch auf andere Bereiche.

Wenn du zum Beispiel mit dem Skript über Reichtum und Wohlstand beginnst und ein paar Wochen lang dabeibleibst, wirst du dich in allen Bereichen deines Lebens besser fühlen. Selbstgespräche stärken dein Selbstwertgefühl, was sich auf dein gesamtes Leben auswirkt, nicht nur auf bestimmte Aspekte deines Lebens. Konzentriere dich also ruhig auf ein Skript und bleibe eine Weile dabei, denn es steigert dein Wohlbefinden in jeder Hinsicht.

Allerdings hast du natürlich völlige Flexibilität bei der Erstellung von Skripten, die dir gefallen. Ich verwende einen Mischmasch aus allen! Du kannst also alle Aussagen, die dir richtig zusagen, aus den unten aufgeführten Skripten nehmen, sie nach Belieben kombinieren und noch einige selbst geschriebene Sätze hinzufügen.

Vielleicht möchtest du auch verschiedene Skripte an verschiedenen Tagen einsetzen. Das mag ich sehr. Es hält die Dinge frisch, und manchmal möchte ich mein *Auf einen Kaffee mit dir selbst*-Ritual auf das abstimmen, was an dem Tag gerade los ist. Vielleicht ist es zum Beispiel ein Tag im Fitnessstudio, ein hektischer Tag mit Besucher*innen von außerhalb oder ein Tag, an dem ich ein großes Podcast-Interview habe.

Deine Skripte werden sich im Laufe der Zeit weiterentwickeln, also mach dir keine Gedanken darüber, dass sie am Anfang perfekt sein müssen. Wichtig ist, die Liebe zu sich selbst aufrechtzuerhalten, denn damit beginnt die ganze Magie. Du kannst nichts falsch machen, wenn zumindest einige der Aussagen deine Selbstliebe unterstützen.

Viel Spaß!

KAPITEL 12

AUF EINEN KAFFEE MIT DIR SELBST-SKRIPT: EIN MAGISCHES LEBEN LEBEN

Was ist ein magisches Leben? Es ist ein Leben, das sich weitläufig anfühlt, voller Glückseligkeit ist und in dem an jeder Ecke erstaunliche Synchronizitäten auftauchen. Es ist ein Leben, in dem man aufwacht und sich neugierig und fröhlich fühlt. Du lebst in einem fast ständigen Zustand des Staunens und der Ehrfurcht und nimmst überall, wo du hinsiehst, mehr Texturen und leuchtende Farben wahr. Du staunst noch mehr über die Natur und fühlst dich voller Glückseligkeit.

Ein magisches Leben ist eine Geisteshaltung und dieses Skript wird dir helfen, dich in diese Geisteshaltung zu versetzen. Und wenn du dieses lustige und fantasievolle Skript auf die nächste Stufe hebst, indem du beim Lesen *wirklich Liebe, Ehrfurcht und Freude empfindest,* wirst du noch mehr Glanz und Glitter in dein Leben und deine Zukunft ziehen. Jeder kann diese Quelle der Magie anzapfen und wenn du das tust, dann pass auf, denn *das Leben wird wirklich Spaß machen.*

Hinweis: Solltest du ein*e Frühaufsteher*in sein, dann ist dieses Skript besonders kraftvoll, wenn du es bei Sonnenaufgang durchziehst. Lass dich von der Energie mitreißen, wenn die Welt um dich herum zum Leben erwacht und das Licht den Raum langsam erhellt. So werden das Ambiente und das magische Gefühl verstärkt.

Noch ein Tipp meinerseits: Nimm deine eigenen Skripte unbedingt auf! Falls du das Folgende trotzdem lieber auf Englisch mit meiner Stimme und der fantastischen Musik von Dreaming Cooper hören möchtest, schick mir eine E-Mail an: Kristen@KristenHelmstetter.com.

Auf einen Kaffee mit dir selbst-Skript für ein magisches Leben

Ich bin ein schimmerndes Wesen, das schon im Moment des Aufwachens funkelt. Meine Augen glitzern vor Freude und Liebe.

Ich bin wunderbar. Ich bin magisch. Ich bin jenseitig.

Glückseligkeit umgibt mich und ist in mir, und ich fühle mich beschwipst von meinem wunderbaren Leben. Ich bin im Einklang mit meinen Zielen und schönen Wünschen.

Ich fühle mich, als würde die Sonne auf mich scheinen, überall, wo ich hingehe, und ich strahle heller als alles, was ich bisher kannte.

Ich bin sexy, strahlend, leuchtend und frisch.

Ich fließe mühelos und anmutig durchs Leben, weil ich Zeit im Überfluss habe.

Ich glitzere, funkle und schimmere, weil ich mich hell und lebendig fühle.

Ich glaube an mich. Ich öffne einfach mein Herz und lasse mich auf alles Wunderbare ein, das auf mich zukommt.

Ich erhalte alles in dem von mir entworfenen Traumleben, weil ich es wert bin.

Mein Leben ist unglaublich und es geschehen ständig aufregende Synchronizitäten.

Ich fühle unbegrenzte Großzügigkeit und Geduld mit mir selbst und anderen.

Ich bin ein Kind des Universums. Ich bin offen für Antworten, die spontan auftauchen.

Eine Fülle neuer Gelegenheiten kommt gerade jetzt auf mich zu.

Ich bin mächtig und fähig, alles zu tun, was ich will. Ich gehe es an! Ich liebe es, neue Dinge zu tun.

Meine Farbe leuchtet und erhellt mein Leben und das Leben der anderen.

Ich habe überall um mich herum reichlich Möglichkeiten. Ich bin kreativ und habe Spaß an meinem Leben.

Ich liebe es, mit neuen Dingen zu experimentieren.

Jedes Mal, wenn ich etwas wertschätze, jedes Mal, wenn ich etwas liebe und mich gut dabei fühle, sage ich dem Universum: »Ja! Mehr davon!«

Ich bin offen für die reichhaltige Energie, die immer um mich herum ist. Meine Bedürfnisse werden immer erfüllt.

Ich bin frei wie ein Vogel, bereit zu fliegen, denn mein freundliches Herz ist weit und voller Liebe.

Ich fühle mich wie auf einem scharlachroten Zauberteppich, der durch einen sternenübersäten Himmel schwebt, voller Ehrfurcht und Staunen.

Ich bin frisch, neugierig und liebe es zu lächeln.

Ich schaue mir die Welt um mich herum an und fühle helles, gesundes Licht und Energie – eine Welt voller Optimismus. Ich verbreite Freude. Es gibt so viel Schönes um mich herum, heute und an jedem neuen Morgen.

Ich liebe mich. Ich bin etwas Besonderes. Ich fühle die Liebe von ganzem Herzen, jeden einzelnen Augenblick. Das Universum hält mir den Rücken frei in allem Bekannten und Unbekannten.

Ich liebe es, anderen gegenüber großzügig zu sein, weil es die Welt zu einem besseren Ort macht. Was ich suche, sucht auch MICH.

Ich bin bereit, Wunder zu akzeptieren!

Meine Vorstellungskraft ist grenzenlos und ich bin voll von Kreativität.

Ich sende Tag und Nacht hochenergetische Frequenzen aus, und das zieht das an, was ich mir in meinem Traumleben wünsche.

Meine Energie ist so wunderbar, dass sie auch für andere Menschen heilend wirkt. Ich bin all meiner Herzenswünsche würdig.

Ich bin Meisterdirigent*in diesem unglaublichen Lebens, das ich gestalte.

Ich fühle mich tief geliebt, täglich. Ich bin es wert, ausgezeichnet, geliebt und lebendig zu sein. Ich bin ganz.

Ich bin voller Ehrfurcht vor der Natur und der Welt um mich herum. Ich bin aller Liebe auf dieser Welt würdig.

Ich bin so glücklich, dass ich mich fühle, als würde ich in einer magischen Wolke aus Feenstaub herumlaufen.

Mein Leben ist großartig, weil ich es dazu mache.

Wenn ich liebe, habe ich Flügel. Ich fühle mich frei, leicht, ruhig, geduldig, ausgeruht und entspannt. Ich spüre ein Lächeln um mich herum.

Ich bin offen, um zu empfangen.

Ich bin hier, jetzt, bereit, die Magie in meinem Leben willkommen zu heißen.

KAPITEL 13

AUF EINEN KAFFEE MIT DIR SELBST-SKRIPT: EINE GEWOHNHEIT ÄNDERN

Ein *Auf einen Kaffee mit dir selbst*-Ritual kann auf verschiedene Weise eingesetzt werden. Du kannst es so einsetzen, wie hier im Buch beschrieben: um dein Selbstwertgefühl zu stärken, deinen Geist umzuprogrammieren, ein neues Ich zu schaffen und ein besseres Leben anzuziehen. Du kannst es aber auch für spezifische Dinge einsetzen, zum Beispiel, um Gewicht zu verlieren, eine*n Partner*in zu finden oder dein Einkommen zu erhöhen. Die Worte können auch im übertragenen Sinn eingesetzt werden, um allgemeines Glück und Wohlbefinden zu erzeugen. Selbstgespräche funktionieren bei allem, was du ändern möchtest.

Dazu gehört auch, schlechte Gewohnheiten zu ändern! Oder das Schaffen guter Gewohnheiten. Vielleicht willst du keine Nägel mehr kauen (eine schlechte Angewohnheit ändern). Vielleicht willst du jeden Tag meditieren (eine gute Gewohnheit schaffen). Vielleicht möchtest du mit einer Gewohnheit brechen und gleichzeitig eine neue beginnen. Du kannst dein tägliches *Auf einen Kaffee mit dir selbst*-Ritual nutzen, um ein Skript zum allgemeinen *Wohlbefinden* durchzulesen, das dir hilft, dein bestes Leben zu leben. Und du kannst am Ende ein spezifischeres, detaillierteres Skript anhängen, das dir hilft, mit einer schlechten Gewohnheit zu brechen oder eine neue, gute Gewohnheit zu beginnen. Das bleibt dir überlassen und dein Ansatz sollte flexibel sein.

Von Zeit zu Zeit wirst du dein *Auf einen Kaffee mit dir selbst*-Ritual sicher aktualisieren und optimieren wollen, vielleicht alle ein oder zwei Wochen, wenn du neue Ideen hast oder neue Situationen in dein Leben treten. Und natürlich dann, wenn du tatsächlich schlechte Gewohnheiten abgelegt und gute Gewohnheiten erfolgreich umsetzt hast, denn dann brauchst du diese Skripte nicht mehr und kannst zu etwas Neuem übergehen. (In der Regel dauert es drei bis vier Wochen, bis eine neue Gewohnheit sich gefestigt hat.)

Beim Ändern einer Gewohnheit musst du bei der Wahl der Worte *sehr klar* sein. Sie sollten präzise und dennoch einfach formuliert sein. Verwende Wörter, die dir vertraut sind, halte die meisten Sätze relativ kurz und prägnant, und sei auch hier sehr klar und auf den Punkt genau.

Genauso wie man ein Ziel am besten erreicht, wenn man ihm konkrete Details zuschreibt, gilt auch für das Ablegen oder Aneignen einer Gewohnheit: Mit jedem Detail wird die Vision, die du schaffst, vor deinem geistigen Auge heller und lebendiger. Du kannst dir ein klareres Bild machen – das Ergebnis im Voraus »sehen«, was dein Gehirn dann als Vorlage für das Ergebnis verwendet. Unser Gehirn lebt von Bildern und wir erinnern uns besser an Bilder als an alles andere. Lebendige, spezifische mentale Bilder von allem davon, was du im Leben willst, sind der beste Weg, um dein Gehirn dazu zu bringen, bei allem, was du tust, konsequent in diese Richtung zu gehen. Das gilt auch für die Änderung einer Gewohnheit.

Erstelle deine persönliche »Gewohnheiten«-Liste

Jetzt geht's daran, eine Liste der Dinge zu erstellen, die du in deinem Leben ändern möchtest. Nimm ein Blatt Papier und teile es mit einer senkrechten Linie in der Mitte. Auf die linke Seite schreibst du die Gewohnheiten, die du ablegen möchtest. Auf die rechte Seite schreibst du alle neuen Gewohnheiten, die du in dein Leben aufnehmen möchtest. Beschränke dich anfangs auf nicht mehr als drei Punkte pro Hälfte, damit du dich nicht überfordert fühlst. Du kannst später mehr hinzufügen, wenn du die Gewohnheiten, mit denen du begonnen hast, erfolgreich umgesetzt hast.

Schreibe dein überzeugendes »Warum« auf

Dein »Warum« aufzuschreiben, ist ein wirklich wichtiger Bestandteil des Prozesses. Es liefert dir den Grund, warum du die Veränderung willst. Die verschiedenen Systeme in deinem Gehirn (zum Beispiel langfristiges versus kurzfristiges Denken oder analytisches versus emotionales Denken) sind wie verschiedene Menschen, die deinen Schädel bewohnen, jeder mit verschiedenen Wünschen und verschiedenen Vorgehensweisen, Dinge zu tun. Sie verhandeln ständig miteinander, wenn du im Laufe des Tages Entscheidungen triffst, beispielsweise, wenn du dir eine Pause gönnst, nachdem du ein bestimmtes Arbeitspensum erledigt hast.

Um eine Gewohnheit zu ändern, muss der langfristig planende, analytische Teil deines Gehirns den automatischen Teil deines Gehirns davon überzeugen, dass dies wirklich wichtig ist. Indem du dein »Warum« aussprichst, überzeugst du dich im Wesentlichen selbst davon, warum dies so wichtig ist.

Und wenn du dein zwingendes »Warum« aufschreibst, wirst du von den Veränderungen, die du planst, noch begeisterter sein. Es hilft dir auch, Ideen für dein zukünftiges *Auf einen Kaffee mit dir selbst*-Skript zu bekommen.

Nimm jeden Punkt auf deiner Liste und frage dich, *warum* du etwas ändern willst. Warum ist es für dich wichtig, keinen Zucker mehr zu essen, Geld zu sparen, nicht mehr zu rauchen, weniger Alkohol zu trinken, nicht mehr Nägel zu kauen, nicht mehr so viel Zeit in den sozialen Medien zu verbringen oder nicht mehr so viel zu jammern? Vielleicht fallen dir Gründe ein, die mit deiner Gesundheit, deiner Energie oder deinem Wohlbefinden zu tun haben. Vielleicht denkst du darüber nach, wie sich das Aufgeben einer bestimmten schlechten

Angewohnheit auf deine Familie, deine Finanzen oder deine Freiheit auswirken wird.

Was sind die zwingenden Gründe für den Beginn deiner neuen Gewohnheiten? Überlege dir mindestens drei zwingende Gründe für jede schlechte Gewohnheit, die du ablegen willst, und drei für jede gute Gewohnheit, die du einführen willst.

Am besten, wir schauen uns ein paar konkrete Beispiele an, wie man mit *Auf einen Kaffee mit dir selbst* schlechte Gewohnheiten durchbricht und gute Gewohnheiten schafft.

Auf einen Kaffee mit dir selbst für deine Gewohnheiten nutzen

Jetzt, wo du eine Liste der Dinge vorliegen hast, die du ändern willst, und aufgeschrieben hast, warum du diese Änderungen vornehmen willst, ist es an der Zeit, Punkt für Punkt an deinem *Auf einen Kaffee mit dir selbst*-Skript zu arbeiten.

Um dir den Einstieg zu erleichtern und dir eine Vorstellung von einem Skript zum Brechen einer Gewohnheit zu geben, zeige ich hier als Beispiel das Skript, das ich für meine Tochter geschrieben habe (die damals neun Jahre alt war), damit sie mit dem Nägelkauen aufhört.

Ein paar Dinge gilt es in solch einem Skript unbedingt zu berücksichtigen. Erstens sollte dein Skript das Verhalten einer Person, die nicht an ihren Nägeln kaut, veranschaulichen und beschreiben. Was würde diese Person tun, was Nägelkauer*innen nicht tun? Und umgekehrt.

Zweitens: Beschreibe die Vorteile, die sich aus der Änderung der Gewohnheit ergeben. Liste so viele Vorteile auf, wie dir einfallen. Beschreibe auch den emotionalen Zustand, der sich einstellt, wenn du die Gewohnheit abgelegt hast.

Drittens: Kümmere dich um den typischen Auslöser deiner schlechten Angewohnheit, falls es einen gibt. Ersetze die schlechte Angewohnheit durch ein alternatives, gesundes Verhalten, wenn das auslösende Ereignis eintritt.

Dein Skript sollte auch aufmunternde Worte enthalten, um das Selbstvertrauen zu stärken. Sie dienen als Erinnerung an die neue Person, die du werden willst, an die neue Person, die du jetzt gerade wirst.

Du kaust gar keine Nägel? Kein Problem, nimm das folgende Skript als Beispiel oder Vorlage. Behalte die allgemeine Struktur bei, aber ändere die Einzelheiten so, dass sie zu der Gewohnheit passen, die du durchbrechen willst.

Beispiel für ein *Auf einen Kaffee mit dir selbst*-Skript, um mit einer schlechten Gewohnheit zu brechen: Fingernägel kauen

Ich befreie mich heute von dem Bedürfnis, an meinen Fingernägeln zu kauen.

Ich bin glücklich, gesunde Entscheidungen für meine Hände zu treffen.

Ich verspüre nicht länger das Bedürfnis oder den Wunsch, meine Fingernägel zu kauen. Ich liebe es, schöne, reine, starke Fingernägel zu haben.

Meine Hände sind wunderschön, mit langen, schönen Fingernägeln.

Ich liebe es, meine schönen Fingernägel in allen Farben des Regenbogens zu lackieren, und ich habe Spaß dabei.

Ich bin stark und selbstbewusst. Ich treffe gesunde Entscheidungen.

Ich glaube an mich.

Ich fühle die Liebe von ganzem Herzen, in jedem einzelnen Augenblick. Ich liebe mich und ich liebe meine Fingernägel.

Ich bin unglaublich und ich kann alles tun, was ich will.

Meine Nägel sind wunderschön und ich liebe es, sie gesund zu halten.

Jedes Mal, wenn ich den Drang verspüre, an meinen Nägeln zu zupfen oder zu beißen, reibe ich stattdessen ein wunderbares Öl in meine Nagelhaut ein.

Ich muss nicht an meinen Fingernägeln kauen und ich lasse das Verhalten jetzt sofort los.

Ich habe gute Hygienegewohnheiten und reine Fingernägel. Ich stecke meine Fingernägel nie in meinen Mund.

Es macht mir so viel Spaß, meine Fingernägel wachsen zu lassen und mich um sie zu kümmern. Sie sind so schön.

Ich liebe mich genau jetzt und ich liebe meine Fingernägel.

Ich bleibe bei allem, was ich mir vornehme, unbeirrt dabei und ich bin beharrlich. Ich bin es wert, schöne Hände und Fingernägel zu haben.

Wenn einer meiner Nägel abbricht oder einreißt, kümmere ich mich liebevoll mit einer Nagelschere oder einer Nagelfeile darum.

Ich freue mich darauf, meine Nägel wachsen zu sehen!

Wenn ich mich dabei ertappe, dass ich beim Fernsehen an meinen Nägeln zupfe, reibe ich stattdessen meine Nagelhaut mit einem schönen Öl ein. Das hält meine Nägel schön und gesund. Wenn ich eine Flasche mit Öl neben der Couch aufbewahre, kann ich sicher sein, dass ich das auch tue.

Wie du siehst, ist das Skript ziemlich einfach, ein bisschen wiederholend, enthält inspirierende Sätze der Liebe für erhebende Gefühle und auch Einzelheiten darüber, wie sich eine Person, die nicht an ihren Nägeln kaut, verhält, sowie die Vorteile des Nichtkauens der Nägel. Meine Tochter hat – ohne dass ich sie darum gebeten habe – eine hübsche, ausgeschmückte Version dieses Skripts als Hintergrundbild für ihr iPad erstellt, damit sie es den ganzen Tag über immer wieder sehen konnte.

Sobald du dein Skript geschrieben hast, kannst du es während deines täglichen *Auf einen Kaffee mit dir selbst*-Rituals laut vorlesen. Durch das Wiederholen deiner Ratschläge beim Kaffeetrinken wirst du die Ideen sehr schnell in die Tat umsetzen. In der Regel lässt der Drang, an den Fingernägeln zu knabbern oder zu zupfen, innerhalb von ein oder zwei Wochen (manchmal bis zu drei Wochen) nach und die Gewohnheit wird schließlich durchbrochen.

Um den Prozess zu beschleunigen, empfehle ich dir, das Skript nicht nur während deiner morgendlichen Kaffeezeit zu lesen. Wenn du dir eine Routine angewöhnst, bei der du das Skript bis zu dreimal am Tag zehn Minuten lang liest, erzielt das einen größeren Effekt. Betrachte es als »Frühstück, Mittag- und Abendessen für die Seele«. Oder, in diesem Fall, für deine Fingernägel.

Apropos Mahlzeiten: Wenn du vor jeder Mahlzeit dein Skript zum Ausstieg aus der Gewohnheit liest, hilft dir das, dich an die Umsetzung zu erinnern.

Und eines Tages wachst du auf und hast kein Verlangen mehr, die schlechte Angewohnheit auszuüben. Du bist frei von ihr. Aber das ist *keine* Magie. Vielmehr hast du ein neues Verhalten geschaffen, indem du es in deinen Geist programmiert hast.

Es gibt auch andere Möglichkeiten, den Prozess der Gewohnheitsbildung zu unterstützen. Ich könnte meiner Tochter zum Beispiel einen Ball geben, den sie drücken kann, während sie Netflix schaut, damit ihre Hände mit etwas anderem als Nägelkauen beschäftigt sind. Oder ich könnte sie belohnen, zum Beispiel mit einer Maniküre im Nagelstudio, wenn ihre Nägel eine bestimmte Länge erreicht haben. Ich könnte sie auch Handschuhe tragen lassen, um ihr die Gewohnheit abzugewöhnen.

Diese Techniken sind zwar hilfreich, aber sie ändern nicht, wer du bist. Sie machen dich nicht zu einem neuen Menschen. Selbstgespräche schon. Sie können deine Persönlichkeit verändern, und wenn das geschieht, passieren eine ganze Menge anderer Dinge.

Zunächst einmal fällt es einfacher, eine Gewohnheit zu schaffen oder zu brechen. Außerdem wirst du im Zuge deiner Veränderung offen für andere gute Gewohnheiten, denn dein selbstverliebtes Gehirn ist für alle Arten von positiven Veränderungen gerüstet. Das ist eines der Geheimnisse, wenn man auf diese Weise mit sich selbst spricht. Indem du konkret sagst, dass du nicht an den Nägeln kaust, und dies mit allgemeineren positiven Äußerungen wie »Ich bin gut und würdig« kombinierst, schaffst du eine Ebene der Veränderung, die weit über das Beenden der Gewohnheit hinausgeht. Du veränderst die gesamte Landschaft deines Geistes. Du wirst zu einem Menschen, der an sich selbst glaubt. Das gibt dir die Zuversicht, nicht nur eng gefasste Gewohnheiten zu ändern, sondern du gewinnst auch eine breitere Perspektive, um andere Möglichkeiten zu sehen und dein Leben zu verbessern.

Eine gute Gewohnheit schaffen

Wir haben uns jetzt angesehen, wie man eine schlechte Angewohnheit mithilfe von *Auf einen Kaffee mit dir selbst* durchbrechen kann.

Im Folgenden sehen wir uns ein Beispielskript an, das dir helfen soll, eine neue, gute Gewohnheit zu entwickeln. In diesem Beispiel nehmen wir an, dass du täglich meditieren möchtest. Sollte das keins deiner Ziele sein, mach dir keine Gedanken, die Technik lässt sich auf jede neue Gewohnheit anwenden.

Bei der Programmierung neuer Gewohnheiten gibt es neben den Selbstgesprächen noch einige andere Variablen, die deinen Erfolg beeinflussen werden. So solltest du beispielsweise ein Umfeld schaffen, das die gewünschte neue Gewohnheit unterstützt. Oder du setzt Erinnerungen und Anreize, um die Wahrscheinlichkeit zu erhöhen, dass du den Prozess fortsetzt, bis die Gewohnheit sich gefestigt hat.

Wenn du zum Beispiel meditieren willst, solltest du eine gemütliche Umgebung schaffen, die das Meditieren fördert. Vielleicht gehört dazu ein spezielles Kissen oder ein spezieller Stuhl oder du ziehst dich hinter verschlossene Türen zurück, um in Ruhe zu meditieren. Oder vielleicht entscheidest du dich für spezielle Kerzen … Vielleicht sagst du auch anderen Bescheid, dass sie dich nicht stören sollen, während du meditierst.

Nun zu deinem *Auf einen Kaffee mit dir selbst*-Skript. Mit diesem Skript wird dein Gehirn programmiert – selbst wenn du noch nicht mit der Meditation begonnen hast. Die Selbstgespräche legen den Grundstein. Sie stellen deine Einstellung zum Meditieren her. Wenn du das Skript für ein bis drei Wochen zu deinem *Auf einen Kaffee mit dir selbst*-Ritual hinzufügst, ist die neue Gewohnheit leichter zu etablieren und macht einfach mehr Spaß.

Für mich ist der Einsatz des *Auf einen Kaffee mit dir selbst*-Rituals für gute Gewohnheiten ein Weg, die Gewohnheit »nachhaltiger« zu machen. Dein Erfolg ist viel wahrscheinlicher, wenn du deinen Geist darauf programmierst, bevor und während du an der Gewohnheit arbeitest. Wenn du das Skript schon verwendest, bevor die Meditation Teil deines Lebens ist, fühlen sich dein Gehirn und dein Körper damit vertraut, sobald du tatsächlich damit beginnst. Ähnlich wie ein Basketballspieler sich vorstellt, wie er perfekte Freiwürfe macht, wenn er auf dem Platz steht, hilft dir dieses Selbstgespräch, dir die Meditation vorzustellen, sodass sie natürlicher und einfacher erscheint, wenn du loslegst. Wenn du dann das tägliche Skript immer wieder bei deinem morgendlichen Kaffee einsetzt und meditierst, verstärkst du zusätzlich die Verdrahtung in deinem Gehirn.

Beispiel für ein *Auf einen Kaffee mit dir selbst*-Skript zur Schaffung einer guten Gewohnheit: Meditation

Ich bin ein Mensch, der gerne meditiert. Ich bin begeistert von allem, was Meditation für mich tun kann.

Ich nehme mir jeden Tag Zeit zum Meditieren, weil es wichtig ist. Ich bin es wert, dass ich mir täglich Zeit zum Meditieren nehme.

Ich liebe es zu meditieren.

Mein Geist und mein Körper fühlen sich so gut an, wenn ich meditiere, dass ich nicht einen Tag ohne auskomme.

Ich meditiere jeden Tag zehn Minuten lang und es fühlt sich wunderbar an. Ich bin stark und zuversichtlich. Ich mag es, gesund zu sein.

Ich bin offen für die Energie, die mich umgibt. Ich liebe mich und ich liebe mein Selbst.

Ich freue mich jeden Tag darauf, mich hinzusetzen und zu meditieren. Es ist ein fester Bestandteil meines Lebens und lässt mich zur Ruhe kommen.

Meditieren ist hilfreich, weil es meine Widerstandskraft stärkt und Stress abbaut. Ich glaube an mich, denn ich bin großartig.

Ich bin magisch. Ich bin jenseitig. Ich bin glücklich.

Ich bin beim Meditieren nie frustriert. Wenn ich merke, dass mein Geist abschweift, konzentriere ich mich einfach wieder. Jedes Mal, wenn dies geschieht, wird mein Geist stärker.

Ich bin Herrin über mein unglaubliches Leben. Ich mag es, neue Dinge zu tun. Ich bin dankbar, dass ich so gut auf mich aufpasse.

Meditieren steigert meine Kreativität und ich liebe es, was es mit meinem Körper macht. Ich bin unglaublich, weil ich alles tun kann, was ich will.

Ich schätze mich.

Ich nehme mir gerne Zeit zum Meditieren.

Meditieren ist eine großartige Möglichkeit, mich super zu fühlen, mein Leben zu verlängern und meine Widerstandsfähigkeit zu stärken.

Ich schätze mich selbst und die Tatsache, dass ich mir Zeit zum Meditieren nehme. Ich bleibe dabei und halte durch.

Meditation ist eine meiner Lieblingsbeschäftigungen, weil sie sich so gut anfühlt.

Mein Zeitmanagement ist großartig.

Ich bin es wert, alles in meinem Traumleben zu erhalten, was ich entwerfe. Ich bin es wert, dass ich mir täglich Zeit für die Meditation nehme.

Meditieren tut meinem Geist und meinem Körper gut.

Wenn ich mir einen Raum nur für meine Meditation schaffe, fällt es mir leichter und es macht mir mehr Spaß, jeden Tag zu meditieren.

Ich liebe mich selbst und ich liebe es, zu meditieren. Ich liebe es, ein freundlicher Mensch zu sein.

Meditieren hilft mir, meine Träume wahr werden zu lassen, weil es mir Frieden und Ruhe gibt.

Wie immer kannst du das Skript bearbeiten und Wörter und Sätze verwenden, die dir Freude bereiten. Lies dieses Skript ein paarmal, während du deinen täglichen Kaffee genießt.

Damit die gute Angewohnheit besser haften bleibt, lies das Skript zu drei verschiedenen Zeiten am Tag. Besonders wirksam ist es übrigens kurz vorm Schlafengehen!

Mach dir keine Sorgen, wenn es bis zu einem Monat dauert, bis sich die neue Gewohnheit durchsetzt. Erinnere dich an die bereits vorgestellten Tipps, damit die Veränderungen schneller eintreten. Such dir die Umgebung bewusst aus, in der du dein *Auf einen Kaffee mit dir selbst*-Ritual durchziehst, lege inspirierende Musik auf (vielleicht hörst du ein ruhiges Lied, das sich perfekt für die Meditation eignet) und schau dir Bilder an, die dich zur Meditation motivieren.

Und das Wichtigste: Achte darauf, dass du beim *Auf einen Kaffee mit dir selbst*-Ritual erhöhte Gefühle und Emotionen erlebst.

KAPITEL 14

AUF EINEN KAFFEE MIT DIR SELBST-SKRIPT: FITNESS UND GEWICHTSABNAHME

Fit und schlank zu sein, ist ein weitverbreitetes Wunschziel, daher ist dies ein beliebtes Thema für Selbstgespräche. Eine Reihe von Herausforderungen hindert viele daran, ihr Ziel zu erreichen. Zunächst einmal hadern viele Menschen, die abnehmen wollen, mit der Selbstliebe, und das kann einer der Gründe sein, warum sie an ihrem Gewicht festhalten. In gewisser Weise wird das Gewicht zum Schutz.

Wird jedoch dein Selbstwertgefühl gestärkt und deine Selbstliebe nimmt zu – beides Ergebnisse deines *Auf einen Kaffee mit dir selbst*-Rituals –, kannst du anfangen, Gewicht zu verlieren, ohne deine Ess- oder Fitnessgewohnheiten bewusst zu ändern! Ganz schön seltsam, aber das Gehirn hat eine bestimmte Art, Dinge wahr werden zu lassen, besonders wenn es um deinen Körper, deinen Stoffwechsel, deine Genexpression, deine Immunabwehr und deine Gesundheit im Allgemeinen geht.

Das Selbstgespräch hilft außerdem bei einem Skript wie dem folgenden, deine *Persönlichkeit* zu verändern – in jemanden, der sich so *verhält*, wie sich fitte und gesunde Menschen verhalten. Es erzeugt den *Wunsch*, sich mehr zu bewegen, Sport zu treiben und unerwünschtes Gewicht zu verlieren.

Ist dir schon einmal aufgefallen, dass die fittesten Menschen im Fitnessstudio auf dem Laufband eine gewisse Energie, Intensität oder einen »Schwung« in ihrer Bewegung haben?

Sie sehen nie gelangweilt, sondern entschlossen aus. Sie sehen nie müde aus; sie sehen aus, als hätten sie grenzenlose Energie. Sie sehen aus, als wären sie auf einer Mission. Und das ist so, weil sie es *sind.* Wenn du das siehst, bist du Zeuge einer *Fitnesseinstellung.* Einer Fitnessmentalität. Verständlicherweise denkt man zuerst, dass diese Einstellung das Ergebnis ihrer Fitness ist, aber der Rückschluss ist zu 100 Prozent falsch. Diese Menschen sind so fit, *weil* sie diese Einstellung haben. Ändere dein Gehirn, und der Körper wird dir folgen. Er hat keine andere Wahl.

Und schließlich denken viele Menschen, dass sie keine Zeit oder Energie haben, um regelmäßig Sport zu treiben. Auch hier hilft *Auf einen Kaffee mit dir selbst.* Das Ritual hilft dir, dein Gehirn so umzuprogrammieren, dass du Fitness anders siehst. Das folgende Skript ist ein inspirierendes Skript, das dein Gehirn auf den Sender »Ich bin fit, sexy, knallhart« einstellt. Es kann jemanden, der »keine Zeit« hat, in eine Person verwandeln, die sich *Zeit für Sport nimmt.* Als wäre es ein natürlicher Teil des Alltags. Es fühlt sich nicht wie Arbeit an, sondern ist ein Vergnügen – und du willst es. Du *willst* es!

Da das *Auf einen Kaffee mit dir selbst*-Ritual in der Regel am Morgen durchgeführt wird, passt dieses Skript genau dorthin. Ich empfehle aber auch, das Skript vor dem Sport durchzugehen. Noch besser ist es, wenn du es mit energiegeladener Musik unterlegst, die Lust auf Bewegung, Laufen oder Tanzen macht.

Wie im vorangegangenen Kapitel beschrieben, gibt es zusätzliche Möglichkeiten, eine gute Gewohnheitsausprägung zu unterstützen. Wenn du jedoch mit Selbstgesprächen anfängst, stellst du sicher, dass du nicht nur eine neue Gewohnheit schaffst, sondern auch zu einem neuen Menschen wirst, der die neue, gute Gewohnheit tatsächlich *gerne* ausführt. Das ist entscheidend für den Erfolg, denn nur wenn du deine Einstellung änderst, bleibt die Gewohnheit auch langfristig bestehen.

Du kannst dir überlegen, ob du dieses Skript für deine Kaffeezeit einfach nur liest (oder nach deinen Wünschen abänderst) und zunächst nichts anderes tust. Wenn du etwas mehr Power haben willst, solltest du das Skript mehrmals am Tag und vor dem Schlafengehen lesen.

Prüfe nach einer Woche, ob du tatsächlich spürst, dass sich in deinem Kopf und deinem Herzen etwas verändert. Spürst du mehr Energie? Neigst du von Natur aus dazu, dich mehr bewegen zu wollen? Und denkst du über verschiedene Möglichkeiten nach, wie du Bewegung in dein Leben bringen könnest? Hat das Universum dir synchron etwas geschickt, was dich dazu veranlasst, dich ein wenig für Bewegung zu begeistern? Du wirst wahrscheinlich feststellen, dass es dich schon nach ein oder zwei Wochen, in denen du nur dein Selbstgesprächsskript liest, danach juckt, solche guten Gewohnheiten in dein Leben aufzunehmen, weil du dich in eine Person verwandelst, die diese Dinge tut!

Auf einen Kaffee mit dir selbst-Skript für Fitness und Gewichtsabnahme

Ich liebe mich und ich liebe mein Leben. Ich liebe meinen Körper und ich liebe es, ihn zu bewegen. Ich fühle mich richtig guuuuuuut!

Mein Körper mag es, fit zu sein, weil es sich so gut anfühlt.

Die Wahl gesunder und frischer Lebensmittel gibt mir reichlich Energie.

Ich bin dankbar, dass ich meinen Körper pflege und liebe. Ich kümmere mich um mich selbst. Ich glaube an mich.

Wenn ich mich bereits in einem Zustand von Wertschätzung, Dankbarkeit und Ermächtigung befinde, habe ich das Gefühl, dass meine Wünsche bereits in Erfüllung gegangen sind. Das verbindet meine gegenwärtigen Gefühle mit denen, von denen ich weiß, dass sie in meiner Zukunft liegen, und mein Körper glaubt, dass sie bereits eingetreten sind.

Ich liebe das Gefühl, das ein guter Spaziergang in der freien Natur in mir auslöst.

Ich bewege meinen Körper gerne, weil das mein Kreislauf- und Lymphsystem anregt und mir Energie gibt.

Ich liebe es, einen starken und fitten Körper zu haben. JAAA! Los geht's! Sport gibt mir Energie und Selbstvertrauen.

Ich bleibe dabei und ich halte durch. Ich übernehme die Kontrolle über meine Gesundheit! Ich glaube an mich.

Ich bin großartig. Ich bin magisch. Ich bin ein fantastischer Mensch.

Ich kann überall trainieren, ob zu Hause, im Freien oder in einem Fitnessstudio. Ich habe unbegrenzte Möglichkeiten.

Ich bin würdig, alles in meinem Traumleben zu erhalten, was ich entwerfe.

Ich bin stark und selbstbewusst. Ich bin unaufhaltsam und zeige, dass alles möglich ist.

Ich liebe meinen Körper und es fällt mir leicht, mich um ihn zu kümmern. Ich bin unglaublich motiviert und kann alles tun, was ich will.

Ich bin dankbar, dass ich so gut auf mich und meinen Körper aufpasse. Spazierengehen ist eine gute Übung, die mir sehr viel Spaß macht.

Ich mag es, mich selbst herauszufordern und meine Herzfrequenz durch Bewegung zu erhöhen. Dabei ins Schwitzen zu kommen, fühlt sich belebend an. JAAAA!

Ich mag es, neue Dinge zu tun und zu experimentieren, weil es mich inspiriert. Erkunden ist aufregend!

Sport kann so einfach sein wie ein paar Hampelmänner oder Liegestütze. Wenn ich einmal angefangen habe, möchte ich mehr machen, weil es sich so gut anfühlt und mich stärkt.

Gesunde Lebensmittel versorgen meine Zellen, die wiederum gesundes Gewebe und Organe aufbauen. So werde ich zu einem viel gesünderen Ich, eine Zelle nach der anderen!

Stark zu sein, gibt mir einen Vorteil im Leben.

Ich stehe in meiner eigenen Kraft. Mein Körper fühlt sich straff an. Mein Körper fühlt sich stark an. Ich habe gute Hygienegewohnheiten und ich bin gesund.

Ich liebe es, die Anstrengung zu spüren, wenn ich trainiere, frischen Sauerstoff tief in meine Lungen einzuatmen, meine Muskeln zu bewegen und Kalorien zu verbrennen.

Ich liebe, wie sich mein Körper nach einem Training anfühlt. Ich empfinde diese Gefühle nicht als Müdigkeit oder Muskelkater, sondern als Rückmeldung, dass mein Körper sich anpasst, Muskeln aufbaut und stärker wird.

Ich bin dankbar, dass ich mich jeden Tag bewegen kann. Durch kräftige Bewegung fühle ich mich sonnig und lebendig!

Ich wähle gerne gesunde Lebensmittel, weil sie meine Gesundheit verbessern.

Je länger ich mir der Energie, Ganzheit und Gesundheit bewusst bin, desto mehr ziehe ich sie zu mir.

Mein Körper ist geschmeidig wie ein prächtiger Leopard.

Ich bin der/die Meisterdirigent*in des unglaublichen Lebens, das ich gestalte. Ich bin sexy.

Ich liebe es, meinen Tag mit ein paar Minuten Bewegung zu beginnen, um meinen Kreislauf in Schwung zu bringen. Ich bin bereit, los geht's!

Bewegung macht Spaß und ich bin jeden Tag mit Eifer dabei. Ich treffe kluge Entscheidungen für meine Gesundheit.

Ich bin ein guter und freundlicher Mensch. Ich fühle die Liebe von ganzem Herzen, jeden einzelnen Augenblick.

Mein Körper liebt es, sich stark und flexibel zu fühlen.

Wenn ich trainiere, fühle ich mich stolz und glücklich, dass ich mir die Zeit dafür nehme. Danke.

Ich habe eine überbordende Energie und ich sprühe nur so davon. Ich stehe unter Strom. Bsss. Bsss. Bsss.

Ich bin es wert, dass ich mir Zeit nehme, Sport zu treiben. Es ist so gut für mich und es macht Spaß.

Ich liebe mich. Immer.

KAPITEL 15

AUF EINEN KAFFEE MIT DIR SELBST-SKRIPT: GESUNDHEIT UND LANGES LEBEN

Gesundheit und ein langes Leben sind meine Leidenschaften. Gesundheit ist für mich wichtig, weil ich so viel Energie und Vitalität wie möglich anstrebe. So kann ich mein Leben mit Begeisterung leben. Außerdem möchte ich so lange wie möglich leben, und ich schließe mich Dave Asprey (Podcaster, Biohacker und Erfinder von *Bulletproof Coffee)* an, der meinen Verstand darauf programmiert hat, dass ich über – sagen wir – *180 Jahre* hinaus leben werde.

Hört sich diese Zahl absurd an? Hier mal zwei Gründe, warum sie vielleicht nicht völlig durchgeknallt ist.

Erstens ist die Vorstellung, mehr als 180 Jahre alt zu werden, gar nicht verrückt, wenn man den Stand der Medizin und der Technik betrachtet. Wir haben in den letzten 50 Jahren enorme Fortschritte gemacht. Wenn man die Zukunft extrapoliert – und dabei die exponentiellen Steigerungen in der Computerleistung berücksichtigt –, ist es gar nicht so abwegig, dass die Wissenschaft die Lebenserwartung auf 120 Jahre steigern könnte, wenn ich erst einmal 70 bin. Und auf 140, wenn ich 90 bin. Und so weiter. Die Tatsache, dass das Thema »Das Altern aufhalten« in den letzten zehn Jahren zu einem ernst zu nehmenden Forschungsgebiet geworden ist und eine Menge Geldmittel angezogen hat, ist ein gutes Zeichen für dieses Unterfangen.

Unabhängig von den tatsächlichen Zahlen wird sich die Technik irgendwann schneller entwickeln, als die Menschen altern. Der Trick besteht darin, bis zu diesem Zeitpunkt am Leben und gesund zu bleiben (also quasi die »Fluchtgeschwindigkeit für Langlebigkeit« zu erreichen), und dein Gehirn hat viel damit zu tun, dass du gesund, jung und vital bleibst.

Zweitens: Allein der Gedanke »Ich werde mehr als 180 Jahre alt« bringt meinen Geist und meinen Körper auf eine ganz andere Bahn. Unser Gehirn *nimmt gerne Anweisungen entgegen* und es wird alles, was wir sagen, ernst nehmen – ob es nun gut oder schlecht ist – und sich an die Arbeit machen, es umzusetzen. Ich sage immer: »Warum nicht etwas Großes wagen?« Greif nach den Sternen, und du wirst mindestens auf dem Mond landen.

Wenn ich mir vorstelle, so lange zu leben, wird mir klar, dass es in meinem Leben keinen Platz für Krankheiten gibt. Allein die Aussage »Ich lebe, bis ich mindestens 180 Jahre alt bin« gibt mir Zuversicht, nicht unähnlich einer gewissen Schicksalsergebenheit. Das reduziert meinen Stress. Und Stressabbau führt tatsächlich zu einem längeren Leben!

Das folgende Skript ist gespickt mit Edelsteinen, die deinen Körper zu einem gesunden Leben und allgemeinem Wohlbefinden anleiten, wobei der Schwerpunkt auf einem langen Leben liegt. Verwende ganz frei die Sätze, die dir am meisten Freude bereiten und die größte Resonanz in dir erzeugen.

***Auf einen Kaffee mit dir selbst* für Gesundheit und ein langes Leben**

Ich fühle mich großartig und habe ein unglaubliches Leben voller Vitalität und Glückseligkeit.

Ich habe so viel Energie, dass ich vom ersten Moment an morgens nach dem Aufwachen tanzen möchte. Meine Energie geht durch die Decke.

Ich liebe mein Leben. Ich liebe mich. Ich liebe das Leben!

Ich freue mich auf alles, heute, morgen und in 100 Jahren. Ich lebe ein langes und gesundes Leben, weil ich mich um mich selbst kümmere.

Mein Körper sprüht vor Vitalität und ich fühle mich jung. Meine Farbe leuchtet und erhellt mein Leben. Ich schwinge mich wie ein Adler hinauf.

Ich bin ruhig und entspannt, was meinem Körper Frieden verschafft und ihm erlaubt, mich zu heilen und zu schützen.

Heute ist alles großartig und ich fühle mich gesegnet, am Leben zu sein. Danke!

Ich habe unbegrenzte Energie und bin gesund. Es ist alles um mich herum und ich fühle mich soooo gut!

Ich schätze meine Gesundheit und ich sorge für mich selbst, indem ich mich gut ernähre, Sport treibe und eine liebevolle Einstellung beibehalte. Die Energie, die ich in meinem Körper erzeuge, hält mich jung und strotzt nur so vor Vitalität.

Ich liebe es, genügend Schlaf zu bekommen und in meinen Träumen meinen Tag zu verarbeiten, und mein tiefer Schlaf hilft mir bei Heilung und Erholung.

Ich glänze. Ich schwebe. Ich bin voller Leben. Wuuusch!

Ich bin unglaublich. Ich bin magisch. Ich fühle mich jung.

Ich stelle mich auf die Möglichkeiten der Gesundheit ein. Ich spüre sie überall um mich herum. Meine unglaubliche Energie verbindet mich mit meiner Langlebigkeit.

Ich glaube an mich. Ich glaube an meinen Körper. Ich glaube an meine Gene, die mich lebendig und gesund erhalten.

Mein Immunsystem ist kraftvoll und stark, weil ich jeden Tag Glück und Dankbarkeit empfinde.

Ich kann leicht atmen. Mein Körper ist völlig gesund und ich werde mindestens 180 Jahre alt.

Ich fühle die erstaunlichste Gesundheit und das beste Wohlbefinden, weil ich offen bin, es zu empfangen.

Ich kümmere mich um meinen Körper und er kümmert sich um mich. Ich liebe meinen Körper!

Meine Gesundheit hat Vorrang und es fühlt sich gut an, Verantwortung für sie zu übernehmen.

Ich liebe es zu lernen, wie man ein gesundes Leben führen kann. Ich liebe es, neue Dinge auszuprobieren und zu tun.

Ich habe Klarheit und ich denke jeden Tag klar, weil ich eine fokussierte Wonder Woman mit Wums bin!

Ich habe ein starkes Gehirn und ein gutes Gedächtnis. Ich erinnere mich an alles. Worte fallen mir leicht ein. Mein Erinnerungsvermögen ist tadellos.

Meine jugendlichen Hormone durchströmen meinen Körper mit prickelnder Energie und Elan.

Ich esse wunderbare Lebensmittel, die meinen Körper, meinen Geist und meine Seele nähren. Ich genieße mein Essen.

Ich habe einen tollen Körper und ich liebe ihn.

Ich bin dankbar, dass ich mich so gut um mich selbst kümmere, damit ich ein langes und glückliches Leben führen kann.

Ich werde leben, bis ich mindestens 180 Jahre alt bin. Schau nur her!

Mein Körper liebt es zu heilen. Ich fühle von ganzem Herzen Liebe, jeden einzelnen Augenblick. Mein Körper liebt es, sich stark zu fühlen.

Ich bin eines langen Lebens würdig.

Es herrscht Harmonie zwischen meinem Gehirn, meinem Geist, meinem Körper und meiner Seele. Ich bin schön.

Die Energiezentren in meinem Körper sind im Einklang und bringen mich zum Leuchten. Ich fühle mich sexy und energiegeladen, heute und jeden Tag.

Sport macht Spaß, und ich liebe ihn. Es ist nur eine Art, wie ich mich um mich selbst kümmere und meine Energie steigere.

Ich. Bin. Unglaublich!

KAPITEL 16

AUF EINEN KAFFEE MIT DIR SELBST-SKRIPT: HEILEN

Wie Dr. Joe Dispenza in seinen Büchern *Becoming Supernatural* und *You Are the Placebo* (auf Deutsch erschienen unter den Titeln *Werde übernatürlich* und *Du bist das Placebo*) aufführte, ist es wissenschaftlich bewiesen, dass der Körper allein durch die Kraft der Gedanken geheilt werden kann. Zu wissen, dass du die Kraft zur Heilung bereits in dir trägst, führt uns direkt zu *Auf einen Kaffee mit dir selbst.* So kannst du deinen Körper zur Heilung anweisen und ihm diese erlauben.

Auf einen Kaffee mit dir selbst für Heilung

Mein Körper hat die Kraft, sich selbst zu heilen, weil er dafür geschaffen ist. Ich liebe meinen Körper, heute und immer.

Meine Gedanken enthalten die perfekte Medizin. Alles ist gut.

Ich bin unglaublich und ich bin liebenswert. Ich fühle die Liebe von ganzem Herzen, jeden einzelnen Augenblick.

Glücklichsein ist die ultimative Medizin. Glück ist Ganzheit. Mein Glück heilt mich und hält mich jeden Tag gesund. Genießen ist Glück.

Ich bin erfüllt von Liebe für meinen Körper. Ich bin beschwingt.

Meine Gefühle und Überzeugungen beeinflussen jede meiner Zellen.

Mit Komik und Humor schalte ich meine Heilungsgene ein. Ich liebe das Lachen.

Mein Körper weiß, wie er heilen kann, weil ich ihn mit meinen affirmativen Gedanken lenke.

Die Ganzheit ist in mir und überall um mich herum.

Ich stelle mich auf die Frequenz und Energie von Fülle, Ganzheit und Dankbarkeit ein. Sie ist überall um mich herum.

Ich habe unbegrenzte Geduld und bin großzügig, weil ich Zeit im Überfluss habe.

Meine Farbe leuchtet und erhellt mein Leben.

Meine Zellen und Hormone glänzen golden und sind gesund. Ich habe Mut zum Heilen und Vertrauen in mich selbst.

Ich atme tief und ruhig ein. Sauerstoff füllt meine Lungen und entspannt mich.

Ich bin der Heilung würdig. Ich bin würdig zu empfangen. Ich spüre es. Ich weiß es. Ich bin mir dessen den ganzen Tag über bewusst. Positive Energie aktiviert mein genetisches Programm zu Heilung.

Ich fühle, wie mich gerade eine Welle des Friedens umspült. Wusch!

Mein Körper ist ein Selbstheilungsorganismus. Mein Körper repariert sich selbst, weil ich entspannt und glücklich bin.

Ich stelle mich auf Gelegenheiten zur Heilung ein und spüre sie überall um mich herum. Meine Gefühle von Ganzheit und Liebe halten mich mit ihnen verbunden.

Mein Körper liebt es, stark zu sein. Ich stehe in meiner eigenen Kraft.

Jedes Mal, wenn ich etwas wertschätze, jedes Mal, wenn ich mich gut fühle, sage ich dem Universum: »Bitte mehr davon!«

Ich bin es wert, in dem Traumleben, das ich entwerfe, alles zu bekommen. Ich bin unaufhaltsam, weil ich weiß, dass alles möglich ist.

Ich bin ganz, von Kopf bis Fuß.

Je länger ich mir dieser heilenden Energie der Ganzheit bewusst bin, desto mehr ziehe ich Heilung und Gesundheit an.

Ich bin offen für meine unglaubliche Heilung.

Ich bin ein Kind des Universums und das Universum füllt mich mit heilender Energie und liebevollem Licht.

Wenn ich mich in einem Zustand von Wertschätzung, Dankbarkeit und Ganzheit befinde, habe ich das Gefühl, dass meine

Wünsche bereits erfüllt wurden. Das verbindet meine aktuellen Gefühle mit denen, von denen ich weiß, dass sie kommen werden, und mein Körper glaubt, dass sie bereits eingetreten sind. Diese Verbindung hilft mir, glückselige Gesundheit schneller zu manifestieren.

Ich bin offen für die Energie, die mich umgibt. Ich heile schnell.

Ich liebe jeden Teil von mir, von meinen Haaren über mein Gehirn, meine Augen und mein Gesicht bis hin zu meinen Armen und meiner Brust, meinem Bauch und meinen Organen, meinen Beinen und Füßen. Alles von mir. Jeden Tag liebe ich mich.

Liebe ist wundersam, denn sie heilt. Mein Körper hält durch!

Ich liebe es, ausgeglichen und freundlich zu sein, weil es sich unglaublich anfühlt. Ich glaube an mich. Ich glaube an meinen großartigen Körper.

Mein Körper liebt es, zu heilen, denn dafür ist er geschaffen! Ich bin der/die Meisterdirigent*in meines heilenden Körpers.

Meine Energie ist erhaben, ganz und voller Liebe. Ich bin geheilt.

Ich bin entspannt und dankbar, dass mein Körper so fähig ist zu heilen. Ich bin vital und lebendig.

Ich bin ganz.

Ich bin dankbar dafür, dass ich mich selbst ernähre.

Meine Kraft ist unbegrenzt, denn ich bin voller warmer, leuchtender Energie. Sie kommt von innen und dehnt sich nach außen aus. Meine Energie ist so erhebend und reich, dass ich mich selbst damit heile und auch die Kraft habe, andere damit zu heilen.

Ich kann leicht atmen. Mein Körper ist völlig gesund und ich werde über 180 Jahre alt.

Ich bin unglaublich.

Ich fühle mich glücklich und dankbar, genau hier, genau jetzt. Ich bin Liebe.

Ich richte meinen Verstand darauf aus, dass die Gesundheit mir gehört und sie immer in meinem Leben zirkuliert, sodass ich sie immer habe. Ich bin ein*e Schöpfer*in.

KAPITEL 17

AUF EINEN KAFFEE MIT DIR SELBST-SKRIPT: REICHTUM, ERFOLG UND WOHLSTAND

Wenn du meinen Blog verfolgst, weißt du, dass das Wort »Millionärin« – wie in *Happy Sexy Millionärin* – eine besondere Bedeutung für mich hat. Natürlich geht es dabei zum Teil um Geld, aber häng dich daran nicht auf – es bedeutet *viel* mehr. Es bedeutet nicht unbedingt, dass man ein Nettovermögen von mehr als einer Million Dollar oder Euro hat. Es bedeutet etwas viel Umfassenderes. Es bedeutet, die Mittel zu haben, um das Leben deiner Träume zu leben, was immer diese Träume auch sein mögen.

Es kann eine Million Dollar bedeuten, muss es aber nicht. Es könnte auch für viel mehr stehen – fünf Millionen, zehn Millionen – oder vielleicht für 50.000 Dollar oder Euro. (Aber *Happy Sexy Fünfhunderttausenderin* klingt einfach nicht so gut, oder?) Die konkrete Zahl ist dir überlassen und vielleicht hast du ja schon eine Zahl im Kopf (für das Nettovermögen, das Jahreseinkommen, das Monatseinkommen, was auch immer). Ich habe meine eigene Zahl, um mir Ziele zu setzen. Aber noch wichtiger ist, dass »Millionärin« für mich wie ein Codewort wirkt. Es ist ein Kürzel für eine ganze Reihe von Ideen und Gefühlen, die damit verbunden sind: Überfluss, Großzügigkeit, Erfolg, Lebensstil, Reisen und so weiter. Vor allem aber steht es für mich für eine Idee …

Freiheit.

»Millionärin« ist meine Bezeichnung für den mentalen und emotionalen Zustand, den ich hervorrufe, wenn ich mich ermächtigt und frei fühlen will, um zu tun, was immer ich im Leben tun will. Zu gehen, wohin ich will, die strahlende, goldene Frau zu sein, die ich sein will – kühne Dinge auszuprobieren, groß zu träumen, eine Knallerfrau zu sein und generell ein episches Leben zu führen. Genau diese Millionärinnenmentalität hat es mir unter anderem ermöglicht, ein Jahr lang um die Welt zu reisen. Und mich dann in einem malerischen, mittelalterlichen Bergdorf in Umbrien, Italien, niederzulassen – ein Ort, von dem ich dachte, er existiere nur in Filmen.

Dafür brauchte ich nicht einmal eine Million Dollar – ich musste nur groß denken, mir meinen Lebensstil als Millionärin vorstellen und dann entsprechend planen. Schritt für Schritt ergab sich alles von selbst. Denn in meinem Kopf war es nicht nur möglich, *sondern auch einfach*.

Im folgenden *Auf einen Kaffee mit dir selbst*-Skript teile ich mit dir die Dinge, die ich sage, um mein Leben als Millionärin anzuziehen. Diese Worte sind mächtig. Wenn du sie ernst nimmst und sie ernsthaft befolgst, werden sie dir einen Vorsprung verschaffen, einen echten Vorteil.

Für zusätzliche Magie – und das meine ich zu 100 Prozent ernst – spricht man dieses Skript am besten in einer Powerpose. Wie Wonder Woman. Oder Thor, wenn dir das lieber ist. Dein Körper wird auf deine Worte reagieren. *Er hat keine andere Wahl!* Und wenn du noch etwas Frechheit, Energie und Nachdruck hinzufügst, verstärkt sich das zusätzlich. (Ich habe mir das nicht ausgedacht. Es ist erwiesen, dass Powerposen das Selbstvertrauen steigern.)

Hier ein Beispiel für eine Powerpose: Hände in die Hüften, Augen geradeaus und ein leichtes, wissendes Lächeln. (Du kennst dieses wissende Lächeln, das zeigt, dass du die Geheimnisse, die Macht und die Antworten in dir trägst. Und ein goldenes Lasso, das die Leute dazu bringt, dir die Wahrheit zu sagen.) Ja! *Macht euch stark, Leute!* Wenn du einen

Umhang hast, dann hol ihn raus und trag ihn mit Schwung. Ernsthaft! Kein Umhang da? Nimm ein Handtuch oder Laken und befestige es mit Haarspangen an deiner Kleidung. Erwecke deinen inneren Superhelden/deine innere Superheldin! Du wirst den Unterschied spüren. Es *wirkt.*

***Auf einen Kaffee mit dir selbst* für Reichtum, Erfolg und Wohlstand**

Ich spüre einen Sinn in meinem Leben. Ich habe unbegrenztes Potenzial. Ich gehe dem nach, was ich will und verdiene!

Ich lebe mein legendäres Leben, weil ich es kann. Es ist mein Geburtsrecht. Ich ermutige mich jeden Tag, denn ich kann es tun. Ich tue es!

Kreativität fällt mir leicht und ich erkenne überall um mich herum Möglichkeiten und Lösungen.

Ich bin all dessen würdig, was ich mir wünsche.

Ich segne meinen Computer mit Liebe, und das bringt mir Erfolg und Wohlstand.

Gelegenheiten gibt es im Überfluss, weil ich sie anziehe wie ein Magnet. Meine Augen sind weit offen für sie.

Ich erinnere mich leicht an Dinge. Mein Erinnerungsvermögen ist tadellos. Ich habe ein phänomenales Gedächtnis.

Ich liebe es, neue Leute zu treffen und Ideen auszutauschen. Ich liebe es, anderen zuzuhören und zu lernen.

Ich liebe mich. Ich liebe mein Leben. Ich liebe das Leben.

Ich bin der/die Meisterdirigent*in meines unglaublich erfolgreichen Lebens, denn ich gestalte es.

Ich glaube an mich.

Ich habe ein gutes Verhältnis zu Geld.

Ich habe den Schlüssel zum Erreichen von allem, was ich mir wünsche, denn ich bin fähig und ich bin stark.

UAAAAAAHHHHH!!!!!

Ich erhalte alles in meinem Traumleben, das ich gestalte, weil ich es WERT bin.

Alles, was ich berühre, ist ein Erfolg. Bei mir folgt Erfolg auf Erfolg.

Ich bin charismatisch und ich liebe es, mit anderen zu teilen.

Mein Geist schwebt und ich bin ganz oben, weil ich mein*e eigene*r Held*in bin. Ich bin klug. Ich bin selbstbewusst. Ich bin grenzenlos.

Meine Talente werden von allen um mich herum geschätzt.

Ich bin gestärkt, weil ich dranbleibe und durchhalte. Ich glaube an mich und meine unglaublichen Fähigkeiten.

Wohlstand ist überall um mich herum. Ich bin wohlhabend.

Ich stelle mich auf die Chancen ein. Ich fühle sie und sehe sie überall um mich herum. Meine kreative Energie hält mich mit ihnen in Verbindung.

Mein Einkommen steigt ständig. Ja, Baby! Geld liebt mich! Das Geld liebt mich!

Ich bin unaufhaltsam, weil ich weiß, dass alles möglich ist.

Ich bin bereit, mich mit Elan in den Tag zu stürzen, und ich habe eine unglaubliche Zeit! Ich liebe mein Leben!!!

Ich bin organisiert und effizient, denn so kann ich mich konzentrieren. Ich halte mein Leben in Ordnung.

Ich bin es wert, zu empfangen. Ich spüre es. Ich weiß es. Ich fühle es. Ich bin mir dessen den ganzen Tag über bewusst.

Mein dankbares Herz ist dem Reichtum des Universums immer nahe. Ich bin dankbar für mein schönes Leben und meinen Erfolg.

Ich habe Zeit in Hülle und Fülle, um alles zu tun, was ich will. Ich bin ein Kind des Universums, und wir sind alle miteinander verbunden.

Ich stimme mich auf die Frequenz und Energie der Fülle und Dankbarkeit ein. Sie ist überall um mich herum.

Ich bin es wert, dass sich mir hier und jetzt neue Möglichkeiten bieten.

Meine Bedürfnisse werden immer erfüllt.

Je länger ich mir dieser Energie der Fülle bewusst bin, desto mehr Möglichkeiten ziehe ich an.

Ich kann meine Kreativität frei für meine Lieblingsleidenschaften einsetzen. Mein Leben ist First Class und luxuriös.

Ich fühle mich großzügig in meinem Erfolg und ich teile ihn gerne mit anderen. Wir sind alle eins.

Ich bin ich. Ich liebe mich. Ich bin ein Erfolg.

Ich lenke meinen Geist darauf, dass Reichtum, Gesundheit und Fülle mir gehören und immer in mein Leben fließen, sodass ich sie immer habe, unabhängig von ihrer Form. Ich bin ein*e Schöpfer*in.

Ich lerne alles, was ich will, mit Leichtigkeit, weil mein Gehirn superstark und gesund ist.

Ich bin am richtigen Ort, zur richtigen Zeit, und tue das Richtige. Ich stehe zu jeder Zeit in meiner eigenen Kraft.

Mein Herz weitet sich vor Kraft und Mut. Mein Gehirn quillt über vor unglaublichen Ideen. Meine Seele sprudelt nur vor Begeisterung.

Geld kommt leicht zu mir. Das Gefühl des Überflusses erzeugt Überfluss. Was ich schätze, schätzt mich!

Wunderbare neue Gelegenheiten bieten sich mir gerade jetzt.

Ich bin offen für die erfolgreiche Energie um mich herum, und der Erfolg liebt mich. Ich bin offen dafür, alles Gute zu empfangen.

Ich bin dankbar, dass ich so gut auf mich aufpasse und an meinem Erfolg festhalte.

KAPITEL 18

AUF EINEN KAFFEE MIT DIR SELBST-SKRIPT: FINDE EINE*N TOLLE*N PARTNER*IN!

Du hast schon einen tollen Partner oder eine tolle Partnerin? Dann kannst du dieses Kapitel überspringen!

Wenn nicht, lies weiter! (Oder wenn du jemanden kennst, der auf der Suche nach einem/einer tollen Partner*in ist, findest du hier vielleicht etwas Hilfreiches, das du an ihn oder sie weitergeben kannst).

Erinnerst du dich an die »Millionärinnen«-Mentalität (Kapitel 17), die ich hervorgerufen habe, um meinen »Millionärinnen-Lebensstil« in der wunderschönen Region Umbrien in Italien zu erschaffen? Einen ähnlichen Prozess habe ich angewandt, als ich auf der Suche nach einem Partner/künftigen Ehemann war. Das war vor 15 Jahren und es hat funktioniert. Obwohl ich dabei keinen Kaffee trank, hatte ich eine Routine, bei der ich alle paar Nächte ein Bad nahm und mich während des Bades auf den Partner konzentrierte, den ich für mich gewinnen wollte.

Nennen wir es doch einfach »Auf ein Bad mit dir selbst« – obwohl ich damals nicht wusste, was ich da tat. Ich wusste nicht, dass es eine Form des Selbstgesprächs war. Aber ich schrieb ein *Skript*, um darüber nachzudenken und mir Gedanken darüber zu machen, und es enthielt viele Details, die den Mann beschrieben, mit dem ich mein Leben teilen wollte.

Ich schrieb eine Liste mit allem, was ich von einem Partner wollte. Angefangen bei dem Wunsch, dass er eine Brille tragen sollte (das war meine Art, mir ein Bild von jemandem zu machen, der intelligent ist), bis hin zu seinen Philosophien über Kindererziehung (ich wollte Hausfrau sein) und Sport (ich wollte nicht, dass er vom Sport besessen ist oder sich nur über ihn definiert) und so weiter. Ich schrieb eine extrem detaillierte Liste mit etwa 15 verschiedenen Wünschen, die ich an das Universum richtete.

Damals stand meine Liste auf Papier, weil »Smartphones« noch aufklappbar waren wie diese Dinger aus der alten Star-Trek-Serie. Ich sehe das Papier jetzt noch vor mir … Ich habe Glitzerstifte und Aufkleber benutzt und überall Herzen und Blumen draufgemalt … Ich war Ende 20, wohlgemerkt. (Nicht lachen! Ich kann dir sagen, dass Mädchen in der vierten Klasse ein oder zwei Dinge darüber wissen, wie man Zeugs aus dem Universum herbeizaubert!) Aber im Ernst: Die verspielten Bilder trugen dazu bei, dass ich jedes Mal, wenn ich die Liste durchging, in einen *beschwingten emotionalen Zustand* geriet.

Wenn ich jetzt im Nachhinein darüber nachdenke, war der Prozess eigentlich eher eine detaillierte Ziel- oder Wunschliste. Meine Liste enthielt keine positiven Affirmationen über mich selbst, weil ich diesen Prozess damals nicht kannte. Aber die Idee, ein Ziel zu haben, es detailliert zu formulieren, jeden Tag oder alle zwei Tage ein Ritual durchzuziehen und dabei positive Gefühle zu empfinden, hatte eine unheimliche Ähnlichkeit mit meinem heutigen, fein abgestimmten Prozess der Zielsetzung und Überprüfung. Hätte ich damals positive Bewertungen und Selbstgespräche über mich selbst mit einbezogen, wäre es noch besser geworden! Ich wette, ich hätte Greg in einem statt in zwei Jahren getroffen!

Folgendes habe ich gemacht: Während ich meine Liste jeden Abend in der Badewanne las, entspannte ich mich in einer Umgebung, die meine Visionssuche unterstützte – Schaumbad, gedämpftes Licht, Kerzen, leise Musik. Indem ich die richtige Umgebung schuf, half ich meinem Geist, in einen entspannten Alphazustand zu gelangen, der es leichter macht, das Gehirn neu zu programmieren.

Als ich mein Skript durchlas, fühlte ich Freude und Liebe für meinen zukünftigen Partner. Dadurch entstand dieser magische emotionale Zustand, den ich in diesem Buch immer wieder betone – die Gefühle, die mit der Vision in deinem analytischen Gehirn übereinstimmen müssen, damit diese Vision Wirklichkeit wird und du dein Traumleben manifestieren kannst. Die Kombination aus meinem entspannten Zustand, dem detaillierten Manifestationsskript meines *Traummannes* und den Gefühlen der Liebe, die ich erlebte, als ich mir vorstellte, wie toll es wäre, diesen Traummann zu haben, und – BÄM: Er landete in meinem Leben und erfüllte alle meine Wünsche.

Hier ist eine Übung für dich: Setz dich hin und schreib eine Liste mit allen Qualitäten, die du bei deinem/deiner idealen Partner*insuchst. Nimm dir dafür etwas Zeit. Denk gründlich darüber nach. Das ist schließlich nicht trivial, sondern es geht um deine*n Partner*in fürs Leben.

Im Folgenden findest du ein *Auf einen Kaffee mit dir selbst*-Skript, das dir hilft, den/die Partner*in deiner Träume anzuziehen. Nimm einfach die Qualitäten, die du in der obigen Übung aufgelistet hast, und füge sie zu diesem Skript hinzu, zusammen mit allen anderen Änderungen, die du vornehmen möchtest.

***Auf einen Kaffee mit dir selbst* für die Suche nach einem/einer tollen Partner*in**

Ich liebe es, ein freundlicher Mensch zu sein, weil es sich so gut anfühlt.

Ich fühle von ganzem Herzen Liebe, jeden einzelnen Moment.

Ich bin würdig, in einer Beziehung mit einem/einer wunderbaren und großzügigen Partner*in zu sein.

Ich bin würdig, den/die Partner*in in dem von mir entworfenen Traumleben zu empfangen. Wen ich suche, der sucht auch MICH.

Ich bin liebenswert. So unglaublich liebenswert. Ich weiß, dass alles mög*lich ist.*

Ich liebe es, mit mir zusammen zu sein, weil ich ein toller Mensch bin.

Ich bin offen dafür, den/die erstaunlichste*n Partner*in zu finden, weil ich ein Herz voller Liebe zu teilen habe.

Je länger ich mir der schönen Energie der Liebe bewusst bin, desto mehr ziehe ich Möglichkeiten für Romantik an.

Mein*e Partner*in ist wunderbar, großzügig, sexy und liebevoll. Genau wie ich. Ich bin perfekt und gesund.

Ich bin schön, lustig und glücklich. Ich wache jeden Tag mit Freude und Dankbarkeit für mein Leben auf.

Romantik ist überall um mich herum. Ich bin ein Magnet für die Liebe.

Ich stelle mich auf Gelegenheiten für Romantik ein. Ich spüre sie überall um mich herum. Meine liebevolle Energie hält mich mit ihnen verbunden.

Ich bin großzügig mit meiner Liebe und teile sie mit anderen.

Ich mag es, neue Dinge zu tun. Ich liebe es zu spielen. Meine Farbe leuchtet und erhellt mein Leben.

Ich bin der schönsten Liebe würdig. Filmischer Liebe! Lächerlicher, köstlich romantischer Liebe! Rosa Zuckerwatte-Liebe!

Meine Tage sind voller Freude.

Die Liebe kommt leicht zu mir, weil ich voller Liebe bin.

Mein*e perfekte*r Partner*in kommt jetzt zu mir, weil ich bereit bin.

Alles ist erstaunlich und glückselig, weil ich überall um mich herum Liebe sehe und fühle.

Ich ziehe eine*n neue*n Partner*in an, der/die mich wundervoll behandeln wird, weil ich mich selbst wundervoll behandle.

Es bieten sich mir gerade erstaunliche neue Möglichkeiten, eine*n unglaubliche*n Partner*in zu finden.

Lachen fühlt sich gut an und ich freue mich auf all die lustigen Dinge, die mein*e Partner*in und ich erleben werden.

Mein*e perfekte*r Partner*in wird lustig, großzügig, mitfühlend, attraktiv, klug und abenteuerlustig sein.

Ich bin so begeistert von der Romantik, die ich um mich herum spüre, und es geschehen gerade großartige Dinge.

Ich bin unglaublich und ich fühle, wie sich meine positive Energie über mich hinaus ausbreitet und meine großartige Beziehung anzieht.

Ich bin entspannt. Ich lächle. Ich fühle mich wunderbar. Ich bin der Liebe würdig.

Liebe. Liebe. Liebe. Ich liebe die Liebe.

Mein Leben ist unglaublich, weil ich mich so liebe, wie ich jetzt bin. Weil ich mich selbst liebe, bin ich bereit, jemand anderen zu lieben.

Knisternde, glühend heiße Liebe ist auf dem Weg zu mir!

Ich freue mich auf all die romantischen Feiertage, glückseligen Verabredungen und aufregenden Abenteuer, die meine Liebe und ich erleben werden.

KAPITEL 19

AUF EINEN KAFFEE MIT DIR SELBST-SKRIPT: ROMANTISCHE BEZIEHUNGEN

Hier ist ein Skript, um die Liebe in deiner romantischen Beziehung zu stärken. Wenn das Leben hektisch wird oder wir unsere Familie um Kinder erweitern, kommt unsere Beziehung oft zu kurz. Deshalb versuchen viele Paare, einen »Date-Abend« einzuplanen, um Zeit für sich zu haben, sich aufeinander zu konzentrieren und wieder zueinanderzufinden.

Wenn du deine eigenen Selbstgespräche führst, wird dein*e Partner*in dies wahrscheinlich bemerken, da du positiver und glücklicher wirst. In der Tat berichten Mitglieder der Facebook-Gruppe zu diesem Buch (https://facebook.com/groups/coffeeselftalk) häufig, dass ihre Ehepartner*innen liebevoller und zugewandter waren, nachdem sie *Auf einen Kaffee mit dir selbst* eingeführt haben. Der Ehemann einer Leserin hat sogar damit begonnen, Sprüche an ihrem Spiegel zu hinterlassen und kleine Liebesbotschaften neben ihrer Kaffeetasse!

Dieses Skript wird dir dabei helfen, deine Romantik auf die nächste Stufe zu heben, damit sie den ganzen Tag über fließt und diese frischen Schwingungen aufrechterhalten werden. Wenn du ein Skript wie dieses verwendest oder ein paar Zeilen davon zu einem allgemeinen Skript hinzufügst, wirst du feststellen, dass du und dein*e Partner*in euch mehr umarmen, mehr küssen und ihr romantischer, rücksichtsvoller und geduldiger miteinander umgehen werdet. Du bringst damit das Gefühl der Flitterwochen in deine Beziehung zurück, und zwar jeden Tag.

Auf einen Kaffee mit dir selbst *für romantische* Beziehungen

Ich liebe es, freundlich zu meinem/meiner Partner*in zu sein, weil es sich gut anfühlt.

Ich fühle von ganzem Herzen Liebe, in jedem einzelnen Moment, für mich selbst und für meine*r Partner*in.

Ich bin es wert, in einer Beziehung mit einem wunderbaren und großzügigen Menschen zu sein.

Ich schenke meinem/meiner Partner*in den ganzen Tag über Liebe.

Wenn meine Liebe mit mir spricht, schenke ich ihr meine ungeteilte Aufmerksamkeit. Ich bin liebenswert. So unglaublich liebenswert.

Mein*e Partner*in ist liebenswert. So unglaublich liebenswert. Ich weiß, dass alles möglich ist.

Mein*e Partner*in und ich vertrauen einander und unsere Seelen sind von Liebe durchdrungen. Wir lieben es, zusammen zu sein.

Mein*e Partner*in und ich nehmen uns gemeinsam Zeit, uns zu entspannen und die Gesellschaft des anderen zu genießen.

Ich lächle jeden Tag, wenn ich mein*e Partner*in sehe.

Umarmungen, Kuscheln und Vertrauen gehören immer zu uns.

Je länger ich mir der schönen Energie der Liebe bewusst bin, desto mehr Liebe empfinden mein*e Partner*in und ich füreinander.

Mein*e Partner*in ist wunderbar, großzügig, sexy und liebevoll. Und ich bin es auch.

Ich liebe es, für mich gesund zu sein, und das macht auch meine Beziehung gesünder!

Meine Beziehung ist wunderschön, und ich wache jeden Tag mit Freude und Dankbarkeit für meine*n Partner*in auf.

Romantik ist überall um mich herum. Ich bin ein Magnet für die Liebe.

Wir stellen uns auf die Gelegenheiten für Romantik ein. Wir spüren sie überall um uns herum.

Unsere Liebesenergie hält uns verbunden, auch wenn wir getrennt sind. Ich bin großzügig mit meiner Liebe und teile sie mit meinem/meiner Partner*in.

Mein*e Partner*in und ich lieben es, neue Dinge zu tun. Wir lieben es zu spielen. Unsere Liebe und Farbe leuchten und erhellen unser Leben.

Ich bin der unglaublichsten Liebe würdig. Filmischer Liebe! Lächerlicher, köstlich romantischer Liebe!

Meine Tage sind voller Freude.

Die Liebe fällt uns leicht, weil wir uns gegenseitig respektieren. Wir sind Partner*innen, Co-Pilot*innen und sitzen in einem Boot.

Mein*e Partner*in und ich haben die tollste Beziehung, voller Vertrauen und Liebe. Wir sind entspannt. Wir lächeln. Wir fühlen uns wunderbar.

Mein*e Partner*in und ich sind sicher. Unsere Herzen kennen sich in- und auswendig.

Alles ist erstaunlich und glückselig, weil wir überall um uns herum Liebe sehen und spüren. Mein*e Partner*in und ich ziehen unglaubliche Möglichkeiten in unser Leben.

Erstaunliche neue Abenteuer kommen gerade jetzt auf uns zu!

Mein*e Partner*in und ich lieben es, zusammen zu lachen, weil es sich gut anfühlt. Unser Leben ist mit Freude erfüllt.

Unsere Beziehung ist erfüllt von Mitgefühl, Anziehung und Abenteuer.

Ich lächle jedes Mal, wenn mein*e Partner*in den Raum betritt, und fühle Liebe und Dankbarkeit für diesen wunderbaren Menschen in meinem Leben. Ich bin gesegnet.

Ich bin begeistert von der Romantik, die ich um mich herum spüre, und es geschehen gerade großartige Dinge.

Liebe. Liebe. Liebe. Wir lieben die Liebe!

Wir sind unglaublich und wir spüren, wie sich unsere positive Energie über uns hinaus ausbreitet, erstaunliche Erfahrungen zu uns hinzieht und unsere Liebe noch mehr verstärkt.

Liebe. Liebe. Liebe. Wir lieben die Liebe!

Unser gemeinsames Leben ist unglaublich, denn wir lieben einander und wir lieben UNS. Wir haben eine knisternde, glühend heiße Liebe. Sie ist sexy und unglaublich!

Wir sind glücklich!

Ich freue mich so sehr auf all die romantischen Urlaube, glückseligen Dates und aufregenden Abenteuer, die wir jetzt und in Zukunft erleben werden.

KAPITEL 20

AUF EINEN KAFFEE MIT DIR SELBST-SKRIPT: FRUCHTBARKEIT

Du willst gar keine Kopie deiner Gene erstellen? Dann kannst du dieses Kapitel überspringen!

Das Thema Fruchtbarkeit liegt mir sehr am Herzen. Denn ich habe *Auf einen Kaffee mit dir selbst* erfolgreich eingesetzt, um schwanger zu werden. Es war zwar nicht das einzige Werkzeug in meinem Fruchtbarkeits-Kit, aber es war ein wichtiges, weil es mich ruhig und offen hielt. Das ist jetzt zehn Jahre her. Zu dieser Zeit hatte ich gerade von dieser aufregenden Sache namens Selbstgespräch erfahren. Damals führte ich die Selbstgespräche nicht so regelmäßig durch wie heute. Ich hatte also weder ein konkretes Programm noch ein Skript wie das folgende.

Ich erinnere mich aber noch lebhaft daran, wie ich meine alte Version an dem Tag benutzte, als wir nach New York in die Klinik für eine spezielle Behandlung namens natürliche In-vitro-Fertilisation fuhren. Während ich mich umzog und den Krankenhauskittel anlegte, sang ich wie ein Mantra der Liebe, dass ich ruhig und freudig gespannt sei, dass bald Gregs und mein Embryo in mich eingesetzt werden würde.

Als der Eingriff vorbei war, habe ich mich mit meiner Vision ausgetobt. Nachdem der Embryo transferiert worden war, ließen mich die Ärzte etwa eine halbe Stunde lang auf einem Stuhl liegen. Die ganze Zeit über stellte ich mir meine Gebärmutter als rosa, weich und klebrig vor, wie Zuckerwatte. In Gedanken ging ich immer wieder durch, dass der Embryo an meiner Gebärmutter »kleben bleiben« und ein Zuhause finden würde. Dann stellte ich mir vor, ich hätte einen Zauberer, Merlin, mit einem lila Hut in meiner Gebärmutter, der mir versprach, dass alles gut werden und er sich um den Embryo kümmern würde.

Wenn ich jetzt daran denke, wird mir ganz warm ums Herz, denn in dieser Zeit hat mich mein Selbstgespräch beruhigt und meinem Körper geholfen, das Richtige zu tun. Die Fähigkeit des Geistes, unseren Körper zu beeinflussen, kann gar nicht hoch genug eingeschätzt werden. Ich bin fest davon überzeugt, dass unsere Schwangerschaft schneller und einfacher verlaufen wäre, wenn ich ein solches Skript regelmäßig angewendet hätte, während ich versuchte, schwanger zu werden. Zumindest wäre der Prozess viel weniger stressig gewesen. (Tipp: Erwäge den Wechsel zu entkoffeinierten Kaffee, während du versuchst, schwanger zu werden.)

Auf einen Kaffee mit dir selbst für Fruchtbarkeit für Frauen

Ich bin würdig, aufzunehmen und zu empfangen. Ich spüre es. Ich weiß es. Ich bin mir dessen den ganzen Tag über bewusst.

Mein Körper ist dafür geschaffen, ein wunderschönes Baby zu empfangen und zu gebären.

Ich fühle von ganzem Herzen Liebe, in jedem einzelnen Augenblick, und ich bin bereit, diese Liebe mit meinem Baby zu teilen.

Ich stehe in meiner eigenen Kraft. Ich bin unaufhaltsam und ich weiß, dass alles möglich ist.

Wenn ich mich bereits in einem Zustand von Wertschätzung, Dankbarkeit und Ganzheit befinde, habe ich das Gefühl, dass sich meine Wünsche bereits manifestiert haben. Das verbindet meine aktuellen Gefühle mit meinem zukünftigen Selbst und mein Körper glaubt, dass es bereits geschehen ist. Diese Verbindung hilft mir, schneller zu manifestieren.

Ich habe einen wunderbaren Körper.

Ich bin ganz und schön, weil ich mich selbst liebe.

Meine Hormone sind optimal und gesund. Sie wissen, wie sie meinen Körper auf die Aufnahme und Geburt eines gesunden Babys vorbereiten können.

Ein Embryo »klebt« leicht an der Innenseite meiner Gebärmutter, weil meine Gebärmutter »klebrig« ist wie Zuckerwatte.

Ich nähre meinen Körper mit ausreichend Ruhe, Essen und liebevollem Umgang, denn das hilft mir, schwanger zu werden.

Ich bin wunderbar.

Ich habe die Energie, ein Baby zu bekommen, und ich bin bereit.

Ich freue mich darauf, die Energie meines Babys in mir zu spüren.

Ich bin dankbar für alles in meinem Leben und Dankbarkeit gibt mir ein gutes Gefühl. Mich gut zu fühlen, hilft meiner Fruchtbarkeit.

Alles ist gut. Die Fruchtbarkeit fällt meinem Körper leicht, denn ich liebe meinen Körper und ich liebe mein Leben.

Ich bin entspannt. So unglaublich entspannt.

Ich bin ruhig und habe alle Zeit der Welt, schwanger zu werden.

Eine Schwangerschaft ist eine schöne Erfahrung und ich bin bereit. Ich bin glücklich. Ich bin aufgeregt! Fruchtbarkeit ist für mich natürlich und unproblematisch. Mein Leben empfängt ein Baby mit Liebe.

Ich bin in der Lage, problemlos schwanger zu werden, denn mein Körper strahlt vor Vitalität und Leben.

Ich bin zu 100 Prozent bereit, ein Baby zu bekommen, weil ich mich selbst voll und ganz und bedingungslos liebe, genau jetzt.

Ich spüre die Magie meiner Hormone, die meinen Körper auf die Empfängnis vorbereiten.

Ich liebe die Art, wie ich denke und fühle. Ich liebe die Macht, die ich in meinem Leben habe, um das Leben zu gestalten, das ich mir wünsche.

Mein Körper ist auf wundersame Weise in der Lage, ein Baby zu gebären. Ich liebe meinen Partner. Ich liebe mein Leben. Ich liebe mich.

Auf einen Kaffee mit dir selbst für Fruchtbarkeit für Männer

Ich bin es wert, Vater zu sein. Ich spüre es. Ich weiß es. Ich bin mir dessen den ganzen Tag über bewusst. Mein Körper ist dafür geschaffen, meine Partnerin mit einem wunderschönen Baby zu schwängern.

Ich fühle die Liebe von ganzem Herzen, in jedem einzelnen Moment, und ich bin bereit, diese Liebe mit meinem Baby zu teilen.

Ich stehe in meiner eigenen Kraft. Ich bin unaufhaltsam und ich weiß, dass alles möglich ist.

Wenn ich mich bereits in einem Zustand von Wertschätzung, Dankbarkeit und Ganzheit befinde, habe ich das Gefühl, dass sich meine Wünsche bereits manifestiert haben. Das verbindet meine aktuellen Gefühle mit meinem zukünftigen Selbst und mein Körper glaubt, dass es bereits geschehen ist. Diese Verbindung hilft mir, schneller zu manifestieren.

Ich habe einen starken und kraftvollen Körper.

Ich bin ganz und würdig, ein Baby zu bekommen, weil ich mich selbst liebe.

Meine Hormone sind optimal und gesund. Sie wissen, wie sie mein Sperma für die Befruchtung einer Eizelle vorbereiten müssen.

Ich bin dankbar für alles in meinem Leben und in Dankbarkeit fühle ich mich stark, kraftvoll und gesund.

Meine Spermien sind starke und intelligente Schwimmer! Meine Werte für Spermienzahl, Beweglichkeit und Morphologie sind fantastisch!

Ich nähre meinen Körper mit angemessener Ruhe, Essen und kräftigenden Nährstoffen, weil ich dadurch einen gesunden Körper habe, der bereit für die Vaterschaft ist.

Ich habe die Energie, ein Baby zu bekommen, und ich bin bereit.

Ich freue mich darauf, die Energie meines Babys im Körper meiner Partnerin zu spüren.

Mich gut zu fühlen, hilft meiner Fruchtbarkeit.

Ich werde ein toller Vater. Ich bin entspannt. So unglaublich entspannt.

Ich bin ruhig und habe jede Menge Zeit und Energie, um meine Familie zu vergrößern. Alles ist gut.

Fruchtbarkeit fällt meinem Körper leicht, denn ich liebe meinen Körper und ich liebe mein Leben. Ich bin bereit. Ich bin glücklich. Ich freue mich darauf, Vater zu werden!

Fruchtbarkeit ist für mich natürlich und unproblematisch. Mein Leben empfängt ein Baby mit Liebe.

Ich bin in der Lage, die Eizelle meiner Partnerin problemlos zu befruchten, weil mein Körper voller Vitalität und Leben ist.

Ich bin zu 100 Prozent bereit, ein Baby zu bekommen, weil ich mich selbst voll und ganz und bedingungslos liebe, genau jetzt.

Ich spüre die Magie meiner Hormone, die meine Spermien gesund und kräftig machen.

Ich liebe die Art, wie ich denke und fühle. Ich liebe die Macht, die ich in meinem Leben habe, um das Leben zu gestalten, das ich mir wünsche.

Mein Körper ist erstaunlich in seiner Fähigkeit, ein Baby zu schaffen. Ich liebe meine Partnerin. Ich liebe mein Leben. Ich liebe mich.

KAPITEL 21

AUF EINEN KAFFEE MIT DIR SELBST-SKRIPT: TOLLE ELTERN SEIN

Man könnte meinen, dass es kein *Auf einen Kaffee mit dir selbst*-Ritual für gute Eltern und Erziehungsfragen braucht, weil wir unsere Kinder doch sowieso unendlich lieben. Aber alle erfahrenen Eltern wissen, dass wir manchmal aufmerksamer und präsenter für unsere Kinder sein könnten. Sind wir selbst müde, abgelenkt oder beschäftigt, oder lieben wir uns selbst nicht, wirkt sich das auf unsere Kinder aus.

Was du tun kannst, um deinen Kindern mehr Liebe entgegenzubringen, ist also, *zuerst dich selbst zu lieben.* Du liest richtig: *zuerst* dich. Du musst dich selbst zuerst lieben, denn dadurch kannst du nicht nur für deine Kinder *da sein*, wie sie es verdienen, sondern ihnen gleichzeitig durch dein Beispiel beibringen, *sich selbst zu lieben.*

Wenn man sich selbst liebt, kümmert man sich besser um sich selbst. Deshalb setzt du dir auch zuerst die eigene Sauerstoffmaske auf, wenn der Druck im Flugzeug fällt – denn nur wenn du selbst bei Bewusstsein bleibst, kannst du deinen Kindern helfen. Und du wirst zum bestmöglichen Vorbild. Unsere Kinder lernen durch Vorbilder und wir können von ihnen kein gesundes Selbstwertgefühl erwarten, wenn wir es ihnen nicht zuerst selbst vorleben. Das wäre unrealistisch.

Deshalb enthält mein *Auf einen Kaffee mit dir selbst-Skript für tolle Eltern* Selbstgespräche, die dein Gehirn neu programmieren, um dein Selbstwertgefühl zu steigern und dadurch die absolut beste Mutter/der absolut beste Vater zu sein.

Hinweis: Füge den Namen deines Kindes (oder deiner Kinder) in das Skript ein, um eine persönlichere Verbindung herzustellen und einen stärkeren Effekt zu erzielen.

Auf einen Kaffee mit dir selbst für tolle Eltern

Ich liebe es, ein freundlicher Mensch zu sein.

Ich bin eine geduldige, freundliche, inspirierende Mutter/ein geduldiger, freundlicher, inspirierender Vater, weil ich mir die Zeit nehme, meinem Kind aktiv zuzuhören.

Ich liebe es, meinem Kind meine ungeteilte Aufmerksamkeit zu schenken, weil es ihm zeigt, wie wichtig es mir ist.

Ich liebe mein Leben und ich bin dankbar für meine Familie.

Mutter/Vater zu sein, macht Spaß und ist aufregend. Es ist ein Abenteuer, das ich sehr schätze.

Elternschaft ist eine wunderbare Erfahrung und ich liebe es, mein Kind wachsen und aufblühen zu sehen.

Mein Kind ist liebenswert. Ich bin liebenswert.

Ich habe unbegrenzte Großzügigkeit und Geduld. Ich liebe es, Zeit mit meinem Kind zu verbringen.

Ich reagiere mit Geduld, Mitgefühl und Freundlichkeit auf Fehler, und das lehrt mein Kind Geduld, Mitgefühl und Freundlichkeit gegenüber anderen.

Ich fühle von ganzem Herzen Liebe, in jedem einzelnen Moment, und das überträgt sich auf mein Kind.

Ich stelle mich auf die Möglichkeiten ein, eine unglaubliche Mutter/ein unglaublicher Vater zu sein. Ich spüre diese Gelegenheiten überall um mich herum. Durch meine erhabene Energie bin ich aufmerksam und fühle mich mit meinem Kind verbunden.

Ich bin großzügig mit meiner Geduld, und ich teile sie mit meinem Kind. Ich liebe es, mit meinem Kind zu kuscheln.

Ich unternehme gerne neue Dinge mit meinem Kind, weil es Spaß macht und wir alle Neues lernen.

Ich habe ein tolles Leben und mein Kind liebt das Leben genauso.

Ich höre meinem Kind zu, damit es weiß, dass es eine Stimme hat.

Wenn mein Kind den Raum betritt, sehe ich von meiner Arbeit auf und blicke ihm in die Augen.

Ich bin eine unglaubliche Mutter/ein unglaublicher Vater, weil ich an mich selbst glaube. Heute möchte ich mein Kind wertschätzen.

Ich habe Geduld und lasse mein Kind die Dinge in seiner eigenen Geschwindigkeit tun.

Ich reagiere mit Geduld, Mitgefühl und Freundlichkeit auf Fehler, und das lehrt mein Kind Geduld, Mitgefühl und Freundlichkeit gegenüber anderen.

Ich habe vielleicht nicht alle Antworten, aber ich höre meinem Kind aktiv zu und gebe ihm Raum, sich mitzuteilen.

Ich bin gerne ein inspirierendes Vorbild für mein Kind, weil es wichtig für sein Leben ist.

Es ist aufregend, mich selbst zu lieben und zu wissen, dass mein Kind enorm von meiner eigenen Selbstliebe profitiert.

Ich habe ein Herz voller Abenteuer, Geduld und Freundlichkeit, das ich mit meiner Familie teilen möchte.

Elternschaft ist etwas Magisches, und ich bin gesegnet, dass ich mein Kind habe. Ich genieße die Zeit, die ich mit meinem Kind verbringe.

Mehr Kuscheln, mehr Quality Time, mehr Liebe – das steht bei uns zu Hause immer auf dem Tagesplan.

Ich wache jeden Tag voller Liebe auf und freue mich darauf, sie mit meiner Familie zu teilen.

Wir sind eine unglaublich tolle Familie voller Magie, Liebe und Wunder.

Ich bin dankbar für meine Familie und die Zeit, die ich mit ihr verbringen kann.

Die Zeit mit meiner Familie ist wichtig, denn sie verbindet uns und macht uns stärker.

KAPITEL 22

SELBSTGESPRÄCHSSKRIPT FÜR KINDER (ACHTUNG: ES GIBT KEINEN KAFFEE!)

Wenn es um Selbstgespräche geht, stellen Kinder einen besonderen Fall dar, weil sie noch so beeinflussbar sind. Selbst kleine Veränderungen in ihrer Programmierung können sich tiefgreifend auf den Rest ihres Lebens auswirken. Als Eltern ist es unsere Aufgabe, ihnen ein gutes Vorbild zu sein und sie zu unterrichten. Wenn du Mutter oder Vater bist, wirst du mit deinem *Auf einen Kaffee mit dir selbst*-Ritual nicht nur ein besserer Elternteil sein, sondern du wirst auch alles darüber mit deinen Kindern teilen wollen. Du bist der/die Lehrer*in, also kannst du dir die Zeit nehmen, sie gezielt über Selbstgespräche zu unterrichten.

Natürlich brauchen Kinder keinen Kaffee – es sei denn, er ist koffeinfrei, haha. Aber du könntest ihnen zum Beispiel Mineralwasser in einem speziellen Glas anbieten, das sie nur benutzen, wenn sie Selbstgespräche führen. Diese Details machen Spaß. Wichtig ist, dass die Selbstgespräche zu einem Ritual werden und regelmäßig wiederholt werden. Um den größtmöglichen Effekt zu erzielen, sollte es Teil der täglichen Routine deines Kindes sein.

Nimm dir einen Moment Zeit und stell dir eine Welt vor, in der alle Kinder ein gutes Selbstwertgefühl haben. Eine Welt ohne Tyrann*innen, in der alle Kinder unterstützende, positive Freund*innen haben. Wenn wir unseren Kindern beibringen, wie man mit sich selbst spricht, sind sie selbstbewusst und willensstark, wenn es darum geht, dem Gruppendruck zu widerstehen. Sie werden sich selbst gut finden und sich nicht mit anderen vergleichen. Sie sind glücklicher und erfolgreicher und Großzügigkeit erfüllt ihre Herzen. Das funktioniert wirklich!

Soziale Medien wie Facebook und Instagram können für Kinder gefährlich sein. Selbst wenn man die schlimmsten Szenarien – Onlinebetrug oder sogar Internet-Straftäter, Cybermobbing und Depressionen/ Selbstmord – ignoriert, können sich selbst kleine Schäden mit der Zeit summieren und das Selbstwertgefühl der Kinder beeinträchtigen oder antisoziales Verhalten fördern.

Wir Eltern können nicht immer da sein, vor allem nicht, wenn unsere Kinder älter werden. Was wir aber tun können, ist, sie mit dem nötigen Rüstzeug ausstatten, um in dieser modernen Welt erfolgreich zu sein. Wir können das Leben unserer Kinder durch Selbstgespräche drastisch verbessern – und zwar heute schon! Das fängt allerdings bei uns Eltern an. Wir müssen mit gutem Beispiel vorangehen und die richtigen Worte finden.

Persönlich bin ich begeistert von der Aussicht, dass die Vermittlung von Selbstgesprächen an unsere Kinder unsere Welt verändern wird. Nicht nur wir Eltern werden mit unseren eigenen Selbstgesprächen ein besseres Leben führen, sondern auch künftige Generationen werden erfolgreich sein. Ich betrachte es als Zukunftssicherung für unsere Kinder! Und vielleicht möchtest du mir dabei helfen, unser Leben zu verbessern, indem wir uns selbst lieben und unseren Kindern zeigen, wie sie sich selbst lieben. Nur so machen wir einen Unterschied!

Dass dies möglich ist, weiß ich, weil ich es jeden Tag in meinem eigenen Leben sehe. Mit meinem eigenen *Auf einen Kaffee mit dir selbst*-Programm wirke ich positiv auf andere in meinem Leben (Familie, Freund*innen, Leser*innen meines Blogs und Menschen in den sozialen Medien). Meine Selbstgespräche haben mich zu einem liebevolleren, mitfühlenderen und gütigeren Menschen – und ja, auch zu einer besseren Mutter – gemacht. Als ich mit meinem *Auf einen Kaffee mit dir selbst*-Ritual durchstartete, bemerkte meine Tochter den Unterschied in meiner Einstellung und meinem Verhalten sofort. Und da sie jeden Tag mehrere Stunden von mir zu Hause unterrichtet wurde, war sie *sehr glücklich* mit meinem neuen Ich!

Wir alle wissen, was für neugierige Geschöpfe Kinder sind. Und diese angeborene Neugier können wir uns zunutze machen. Meine Tochter hat mich bei meinem *Auf einen Kaffee mit dir Selbst*-Ritual ganz genau beobachtet und wollte alles darüber wissen. Vor allem, weil ich hübsche Bilder in das Skript eingefügt hatte, das ich auf meinem iPhone vorlas. Sie schaut mir immer über die Schulter, um zu sehen, was ich auf meinem Smartphone treibe. Das war eine großartige Gelegenheit, ihr alles darüber beizubringen – ohne sie dazu drängen zu müssen.

Mein Mann, der mit Selbstgesprächen aufgewachsen ist, wusste, was ich tat, und brauchte keine Nachhilfe. Er war jedoch begeistert von der Idee, meine Selbstgespräche mit einem täglichen Ritual wie der morgendlichen Tasse Kaffee zu verbinden. Er hat einen Abschluss in Psychologie und glaubt fest an die Macht von Ritualen und an das, was er das »Installieren« bewusster, starker Gewohnheiten nennt. So wie man eine Software auf seinem Computer installiert.

Eine weitere Möglichkeit, deine Familie für Selbstgespräche zu interessieren, besteht darin, sie einfach vor ihren Augen durchzuziehen. Im Laufe des Tages spreche ich einige meiner Selbstgespräche laut aus, während ich Hausarbeiten erledige. Dabei ist es mir egal, ob mich jemand hört. Eines Tages hing ich Wäsche zum Trocknen auf und sagte laut, wie sehr ich unser Leben liebe. Ich sagte meine Selbstgespräche laut zu mir selbst, aber ich wusste, dass meine Tochter mich hören konnte, denn sie saß genau daneben und arbeitete an ihrem iPad. Ich sagte: »Wir haben das tollste Leben, wir sind so gesegnet und haben so viel Glück. Wir schaffen ein supercooles Leben und es ist richtig spannend, wie mächtig wir sind, um unsere Träume wahr werden zu lassen.«

Ein paar Minuten später meldet sich meine Tochter (die gerne Geschichten schreibt) mit ihrer eigenen weitreichenden Manifestation zu Wort und sagt: »Ich werde mal so berühmt wie J. K. Rowling! Warte, nein, ich werde sogar *noch berühmter*!« Oh wow, meine Tochter hat große Pläne! Innerlich habe ich gejubelt und mir im Geiste selbst ein High five gegeben. Sie erweitert bereits ihre Denkweise und lernt, sich etwas vorzunehmen, sich »große, schwierige, kühne Ziele« zu setzen und *sie laut auszusprechen* – und das alles, weil ich ihr ein Vorbild bin.

Wenn du deine Kinder dazu bringen willst, Selbstgespräche zu führen, musst du zunächst mit gutem Beispiel vorangehen und es selbst tun. Sag ihnen, was du tust, warum du es tust und teile die Skripte, die du verwendest, damit sie sie sehen und den Prozess verstehen können. Wenn die Kinder noch jung sind, etwa im Alter von vier bis sechs Jahren, kannst du ihnen einen Teil des folgenden Skripts vorlesen und sie den Text Zeile für Zeile wiederholen lassen. Wenn sie älter werden, ziehen sie es wahrscheinlich vor, sie allein anzugehen. Meine zehnjährige Tochter zieht ihr Ritual lieber allein durch, aber sie zeigt sich auch nachsichtig, wenn ich mitmachen will.

Versuche, eine Routine zu entwickeln, bei der du das Ritual jeden Tag zur gleichen Zeit durchgehst, oder dein Kind es selbst durchgeht. Das kann morgens sein, wenn du den Tag beginnst, oder abends, wenn du dein Kind ins Bett bringst. Wenn dein Kind noch klein ist, ist das Umarmen oder Kuscheln auf deinem Schoß eine großartige Möglichkeit, miteinander verbunden zu sein und Zeit miteinander zu verbringen. Oder vielleicht lieben sie es ja, sich wie ein*e Superheld*in einen Umhang umzuwerfen und ein Schild zu zücken, während du ihnen ihre Selbstgespräche vorliest und sie diese wiederholen!

Wenn sie älter werden, können sie selbst lesen und ihre eigenen Skripte entwerfen. Meine Tochter macht megagerne mit, seit ich ihr erlaubt habe, ihre Selbstgespräche mit abwischbaren Stiften auf den Badezimmerspiegel zu schreiben und Bilder dazu zu malen. Mit ein paar ihrer ganz allein entwickelten Selbstgespräche hat sie mich umgehauen. Kinder in diesem Alter, etwa ab sieben Jahren, legen oft Wert auf etwas Privatsphäre, aber das ist ganz individuell. Einen falschen Weg gibt es eigentlich nicht, sei es im stillen Kämmerlein oder laut vom Dach gebrüllt. In jedem Fall kannst du ihnen helfen, einen besonderen Zeitpunkt und Ort für sich zu finden. Dass sie es überhaupt tun, und zwar regelmäßig, ist dabei am allerwichtigsten.

Hinweis: Kinder fragen eventuell nach bestimmten Zeilen von Selbstgesprächen, die zwar formuliert sind, als seien sie bereits wahr, aktuell aber noch nicht wahr sind. Das ist absolut okay. Erklär einfach, dass es sich nicht um eine Lüge handelt, sondern dass »wir unser Gehirn darauf programmieren, wie wir es haben wollen«.

Bei Kindern im Alter von etwa sieben Jahren (und darüber) solltest du dies *im Voraus* erklären, also bevor sie die Skripte hören. Damit kannst du Skepsis und Verwirrung über den Prozess und deine Motive vermeiden.

Wenn Kinder älter werden (und nicht selbst schon ihr ganzes Leben lang Selbstgespräche geführt haben), interessieren sie sich besonders, wenn sie sehen, wie wirkungsvoll die Selbstgespräche für dich waren. Manche Kinder lehnen die Idee zunächst ab, was ein ziemlich gutes Zeichen dafür ist, wie sie sich selbst einschätzen. In diesen Fällen würde ich alles Notwendige tun, um sie zum Weitermachen zu bewegen, denn selbst wenn es ihnen anfangs unaufrichtig oder albern vorkommt, nisten sich diese kraftvollen Worte in die Psyche deines Kindes ein und schlagen schließlich Wurzeln.

Ich bin sogar nicht abgeneigt, Kinder anfangs zu bestechen, damit sie Selbstgespräche führen, während sich die Gewohnheit herausbildet. Eine Belohnung gibt es dann zum Beispiel, wenn sie 21 Tage lang jeden Tag durchgehalten haben, oder es gibt wöchentlich eine Belohnung, zum Beispiel können sie sich alle sieben Tage ein paar Lieder bei iTunes aussuchen oder ein Buch ihrer Wahl oder ein Spiel. Denk daran, dass ältere Kinder, die Zugang zur Technologie haben, vielleicht gerne Musik und Bilder zu ihren Selbstgesprächen hinzufügen würden (wie ich es für Erwachsene in Teil I dieses Buches vorgeschlagen habe). Mein Kind liebt Aufkleber und alles, was mit Zeichnen zu tun hat, also kann es Spaß machen, ein Tagebuch, und zwar ganz altmodisch mit Stift und Papier, zu führen.

Unterm Strich ist es wichtig, Kinder jeden Alters mit Selbstgesprächen vertraut zu machen. Und je jünger, desto besser. Ob es nur darum geht, ein paarmal am Tag eine Zeile zu wiederholen oder ein ganzes Skript vorzulesen: Es bringt den Ball des positiven Selbstbewusstseins ins Rollen und du bereitest deine Kinder auf Erfolg und Liebe vor.

Selbstgesprächsskript für Kinder

Ich bin der Liebe würdig. Ich mag mich selbst.

Ich bin ein*e großartige*r Schöpfer*in und ich mag es, alles zu erforschen. Mich selbst zu lieben, macht Spaß.

Ich habe Spaß daran zu spielen, zu erkunden und ich selbst zu sein. Ich mag mich.

Da draußen wartet eine Welt voller Möglichkeiten auf mich. Ich bin begeistert vom Leben. Ich kann alles tun, worauf ich mein Herz und meinen Verstand verwende. Das ist ein tolles Gefühl.

Ich bin ein guter Mensch.

Ich denke immer an die Gefühle anderer Menschen, bevor ich etwas sage oder tue. Ich fühle von ganzem Herzen Liebe, jeden einzelnen Moment.

Ich bin mein*e eigene*r Cheerleader*in. Auf, du schaffst das!

Ich helfe gerne anderen.

Ich bin der Liebe und des Respekts würdig.

Ich kümmere mich gerne um meinen Körper, weil er mich gesund und stark hält. Ich mag es, neue Dinge auszuprobieren, weil es Spaß macht.

Ich tue gerne nette Dinge für andere, weil es sich gut anfühlt. Ich bin nett, und das spüre ich den ganzen Tag lang.

Ich bin immer bereit zu lernen, weil ich ein unglaubliches Gehirn habe, ich bin hartnäckig und gebe jeden Tag mein Bestes.

Ich leuchte und erhelle mein Leben, weil ich voller Energie und Liebe bin. Das Leben ist ein großes, lustiges Abenteuer, und ich freue mich jeden Tag darauf aufzuwachen. Ich bin fröhlich und lustig und ich genieße mich.

Ich bin kreativ, ideenreich und leistungsfähig. Ich genieße Herausforderungen und stehe sie mit aller Kraft durch.

Alles ist möglich, denn ich bin unaufhaltsam. Ich mache immer weiter, egal, was passiert!

Ich habe jede Menge kreative Ideen, weil ich mich ihnen öffne. Ich liebe mich. Das werde ich immer tun.

ANDEREN HELFEN UND FAZIT

Anderen beim Einstieg in ein *Auf einen Kaffee mit dir selbst*-Ritual helfen

Vielleicht kannst du andere nicht ändern, aber du kannst etwas tun, um andere zu inspirieren, sich selbst zu ändern. Du kannst einfach du selbst sein, ganz schimmernd, strahlend und glücklich. Menschen werden sich so zu dir hingezogen fühlen und deine Nähe suchen. Du ziehst sie mit deiner neu gewonnenen positiven Energie an. Ich erinnere mich noch gut an eine Dinnerparty, bei der uns ein Ehepaar gegenübersaß, und die Frau sagte zu mir: »Ich bin wirklich gern in Ihrer Nähe. Sie haben so eine positive Ausstrahlung.« *Wow, was habe ich gestrahlt*, als ich das hörte.

Und für dieses Phänomen gibt es sogar einen Namen: emotionaler Übertrag. Man kann nämlich unbewusst die eigenen Emotionen auf andere »übertragen«. Damit sich andere besser fühlen, kann man sie zum Beispiel einfach inspirieren, indem man sie die Veränderungen beobachten lässt, die man selbst vornimmt. Einfacher gesagt: Wenn es dir gut geht, strahlt deine positive Energie von dir ab und überträgt sich auf andere.

Wundere dich dann nicht, wenn man dich fragt: »Warum bist du immer so gut gelaunt?« Sobald die Frage kommt, hat sich die Tür zu einem Gespräch geöffnet. Das ist der Moment, in dem du sie am Haken hast. Ergreife die Gelegenheit, erzähl deine Geschichte und erkläre, wie du mit *Auf einen Kaffee mit dir selbst* dein Leben verändert hast.

Es geht wirklich nur darum, sich selbst zu verändern. Andere werden Zeuge davon und dann können sie gar nicht anders, als ein Stück von dem zu wollen, was du hast! Nutze diesen Vorteil und teile, was du tust. Erzähl von deinem *Auf einen Kaffee mit dir selbst*-Ritual.

Leih ihnen dieses Buch und erkläre ihnen, wie einfach es ist, sich so toll zu fühlen. Wer würde das nicht wollen?

***Auf einen Kaffee mit dir selbst*: Fazit**

Auf einen Kaffee mit dir selbst ist eine einfache, fünfminütige tägliche Routine, die die Macht hat, dein Leben zu verändern. Die Art und Weise, wie du sprichst, denkst und fühlst, ist für alles in deinem Leben verantwortlich. Nutze das zu deinem Vorteil und gestalte damit das BESTE, magischste Leben aller Zeiten. Lebe ein legendäres Leben, denn du bist es *einfach wert*!

Bitte schreib mir an Kristen@KristenHelmstetter.com und erzähl mir deine Geschichte – wenn möglich, auf Englisch!

Ich freue mich sehr darauf, von dir zu hören!

KOSTENLOSE AUDIO-MP3 UND PDF

Um eine kostenlose MP3-Aufnahme des *Auf einen Kaffee mit dir selbst*-Skripts »Living a Magical Life« (auf Englisch und von mir gesprochen) und eine druckbare PDF-Datei der Skripte auf Englisch zu erhalten, schick einfach eine E-Mail an: **Kristen@KristenHelmstetter.com**

Bitte gib an, dass du die *Coffee Self-Talk Goodies* haben möchtest.

Leitfaden fürs Studium und für Leserunden

Schreib mir an die obige Adresse, wenn du einen kostenlosen *Coffee Self-Talk Study & Discussion Guide* für deine Gruppe oder deinen Buchklub – auf Englisch – haben möchtest.

Und ich habe noch eine Riesenbitte! Ich würde mich freuen, wenn du eine Rezension für *Auf einen Kaffee mit dir selbst* auf Amazon oder bei deiner Lieblingsbuchhandlung online hinterlassen könntest. Rezensionen sind unglaublich wichtig für Autor*innen, und ich wäre dir sehr dankbar, wenn du eine schreiben könntest!

Ich würde gerne von dir und deinen Erfahrungen hören, wenn du damit experimentierst, *Auf einen Kaffee mit dir selbst* in dein Leben zu bringen!

Schick mir eine E-Mail an **Kristen@KristenHelmstetter.com** oder besuch mich auf: **instagram.com/coffeeselftalk**

Und schließe dich unserer lustigen und lebhaften Truppe der Leser*innen dieses Buches an: **Facebook.com/groups/coffeeselftalk**

DIE AUTORIN

Im Jahr 2018 verkaufte Kristen Helmstetter alles, um mit ihrem Mann und ihrer Tochter um Welt zu reisen. Zurzeit lebt sie in einer mittelalterlichen Stadt auf einem Hügel in Umbrien in Italien.

Sie schreibt unter dem Pseudonym Brisa Starr Liebesromane. Und auf Instagram findest du sie unter: instagram.com/coffeeselftalk